ムダとり時間術

その1分を自分の成長に使う！

井上裕之
Inoue Hiroyuki

ビジネス社

はじめに

❖「井上先生は、マグロですね」

先日、私のことをよく知る方から、こんなことを言われました。

「井上先生は、まるで、マグロみたいですね（笑）」

マグロやカツオなどの回遊魚《かいゆうぎょ》は、眠っている間も泳いでいると言われています。

その理由は、「泳いでいないと呼吸ができない」からです。

マグロは泳ぎながら口に海水を取り込み、それをエラに通すことで呼吸しているため、泳ぐのをやめたとたん、死んでしまいます。ですから、生まれた日から死ぬときまで、一度も止まることなく泳ぎ続けます。

私も、絶え間なく動き続けています。ムダな時間、立ち止まる時間は1秒もない。だから「マグロ」にたとえられたわけです。

マグロは、生きるために泳ぎ続けています。

私も、自分らしく生きるために（理想的な人生を手に入れるために）行動し続けています。「井上裕之＝マグロ」は、言《い》い得《え》て妙《みょう》です。

❖私がフル稼動・フル活動しても疲れを感じない理由

私は、歯科医師として、作家として、コーチとして、セラピストとして、フル稼動・フル活動しています。ですが、疲れを感じることはありません。

疲労感の度合いは、やりがい、充実感、達成感などに大きく影響されます。

「疲れそうだ」と思える作業をする際、「気乗りがしない状態で行う場合」と、「楽しみながら行って、作業を終えたあとに充実感を得られた場合」とでは、後者のほうが疲労感は少ないことが明らかになっています（充実感が得られると、脳内に「快」の感情を引き起こす物質、ドーパミンが分泌されるため）。

私が疲れを感じないのは、

「すべての時間が、充実しているから」

「すべての時間が、『価値のあるもの』だから」

「すべての時間が、自分のミッションやビジョンと明確に結びついているから」

です。

・ミッション……使命や目的。
「何のために生きるのか」「自分の価値は何か」という人生の命題。
・ビジョン………ミッションを達成したときの理想的な状況。

私の場合、

「日本人の歯に対する価値を、世界レベルに高める」

「作家として、読者の人生を変える良書を出版し続ける」

というミッションを抱いています。

私は、「こうなりたい」という理想を実現するために、自分のすべての時間を使っています。だから「疲れ」とは無縁です。自分に対する期待や高揚感があれば、努力も苦労も楽しむことができます。


時間は有限資産です。

今こうしている間も、時間はどんどん過ぎています。時間の刻みが人生の終焉《しゅうえん》(死)に向かっているのであれば、その時間を濃密に使わなくては、「自分の人生を生きている」とは言えないのではないでしょうか。

人生における価値・目的・使命を明確にしないで、目の前にあることに見境なく対応していると、大切な時間を「自分のため」に使うことが難しくなります。その結果、疲れを覚えたり、苦しくなる。

過ぎた時間を取り戻すことはできません。

流れゆく時間を止めることはできません。

私たちが、物理的に時間を管理することは不可能です。


しかし時間の「使い方」を管理することはできます。

時間は有限でも、可能性は無限です。工夫も無限です。

平等に与えられる有限な時間をどのように過ごすかによって、その人の未来、その人の年収、その人の人生が変わります。

❖時間管理とは、価値観管理である

時間管理の本質とは、

・生きている時間がムダにならないように、すべての時間に価値を持たせること。
・限られた時間の中で、圧倒的な価値を生み出すこと。

・有限の時間に、無限の可能性を持たせること。

であると私は考えています。

時間を有意義に使うには、「時間を管理する＝価値観を管理する」という発想を持つべきです。

つまり、自分の価値（目的・使命）と関係があることにすべての時間を使い、それ以外のことには時間を割かないことです。

「時間管理＝価値観管理」のポイントは、次の7つです。

【価値観管理の7つのポイント】（第1章以降で詳述）

①価値の高い順に優先順位を考える（第1章）

②「どうしてもそうなりたい」という強い欲求を持つ（第1章）

③ルーティン化、パターン化する（第2章）

④PDCAサイクルを回す（第2章／第4章）

⑤チームで最大の成果を出す（第3章）

⑥結果とプロセスを意識する（第4章）

⑦「やらないこと」を明確にする（第5章）

①価値の高い順に優先順位を考える

自分にとって「価値があるか、ないか」「意味があるか、ないか」を考え、価値があるもの、意味があるものに時間を使います。価値の高い順番で予定を組むのがスケジュール管理の原則です。

②「どうしてもそうなりたい」という強い欲求を持つ

「どうしてもそれがやりたい」「どうしてもそれがほしい」という欲求が強いほど、行動の源泉になります。三日坊主で終わってしまうのは、目的がぼんやりしているからです。

③ルーティン化、パターン化する

ルーティン化、パターン化によって手順や段取りが決まるため、業務の効率化が可能です。業務が定型化すれば、作業時間や作業量の予測が立てやすくなります。

④PDCAサイクルを回す

定期的にPDCAサイクルを回し、「時間内にすべての仕事を終えることができたか」「質の高い仕事はできたか」「あの行動は正しかったか」「ほかにできることはなかったか」を検証すると、生産性が上がります。

⑤チームで最大の成果を出す

ひとりでは難しくても、チームで仕事に取り組めば、「最短の時間で、最大の結果を残す」ことも可能です。最高のスタッフを集めて、チームを有機的に機能させることが成果を上げる条件です。

⑥結果とプロセスを意識する

ゴール（結果）と期日を定め、それを実現するためのプロセスを逆算して考えると、「今、何をやるべきか」が明確になります。プロセスが決まったら、あとはそれをひとつひとつ実行していけば、必ずゴールに到着できます。

⑦「やらないこと」を明確にする

余計なものごとを減らせば、「本当にやるべきこと」「本当にやりたいこと」に多くの時間を割けるようになります。夜ふかし、ゲーム、飲み会、テレビ、ゴルフなど、やらないことを決めると、使える時間を増やすことができます。

❖ 一流とは、どのような人のことをいうのか？

人生において大切なのは、常に成長を続けることです。

そして、自分が成長を望むのなら、「自分よりも結果を出している人たち」から学ぶのが最適解です。だから私は、医学生だったときから「一流」にこだわり、「一流の歯科医師」なること目指していました。

では、「一流」とは何か。

一流とは、その分野の一等地にいることですが、本書では、次の条件を満たした人を「一流」と定義しています。

・一時的な成功で終わらず、維持・継続するために成長し続けている人。
・圧倒的な価値を生み出し、提供し続けている人。
・仕事と健康のバランスが取れている人。

一流になるためには、どのような目的を持ち、どのように目標を設定し、どのように時間を管理すればいいのでしょうか。

働き方が見直されている中で、短時間・短期間で生産性を上げるには、どのようにスケジュールを組み立てればいいのでしょうか。

時間に使われるのではなく、時間を能動的に使いこなすには、どうすればいいのでしょうか。

これらの問いの答えが、本書です。本書が、100%時間を活かし切るヒントになれば、著者としてこれほどの喜びはありません。

その1分を自分の成長に使う！　ムダとり時間術

【目次】

Chapter 2
時間を制する人が人生を制する

Chapter 3

時間の使い方で、仕事の成果は大きく変わる

Chapter 4
時間管理は「結果」と「プロセス」で考える 143

Chapter 1

時間管理とは、価値観を管理すること

時間には、「2つの概念」がある

❖ 1秒をムダにすることは、人生を粗末にすること

私は、「時間には2つの概念がある」と考えています。
「価値のある時間」と「価値のない時間」です。

・価値のある時間
……「理想の自分」に近づくために必要な時間。自己成長をうながす時間。

・価値のない時間

……理想、目標、目的と一切関係のない時間。自己成長につながらない時間。ムダな時間。

時間は、誰にでも平等に与えられています。

しかし、目的を持って過ごすのか、それとも無為に過ごすのか、使い方によって結果は大きく変わります。

私はこれまで、一流と呼ばれる多くの成功者と接してきましたが、彼らに共通しているのは、「時間に対する研ぎ澄まれた感覚」を持っていることです。

彼らの24時間に、価値のない時間は1秒もありません。

ダラダラとテレビを観たり、SNSやオンラインゲームに興じたり、惰眠をむさぼることなど論外です。

人生は、1秒1秒の積み重ねです。1秒をムダにすることは、人生を粗末にすることに等しい。彼らにはその自覚があるから、自分への投資や新しい事業への挑戦に余念がありません。

そして私自身も、

「1秒も、時間をムダにしたくない」

「1秒も、価値のないこと（＝自分の理想や成長につながらないこと）に時間を使いたくない」

と考え、時間の最大化を心がけています。

私には、明確な目的があります。想い描く「理想の自分」があります。

・医師として、日本に欧米と同レベルの「歯の文化」を築きたい。
・作家として、（累計ではなく単著で）発行部数100万部のベストセラーを出す。
・潜在意識の第一人者として、多くの人の夢実現に関わる。
・出会うすべての人が、笑顔で元気になれる存在になる。

私の1分1秒は、この目的を達成するためだけにあります。この目的に結びつかない時間は、私にとって「価値のない時間」＝「ムダな時間」です。

❖時間の長さは変えられないが、時間の密度は変えられる

時間の長さは、一定です。

誰にとっても1時間は1時間であり、60分であり、3600秒です。時間の長さを変えることはできません。

ですが、長さは変えられなくても、時間の密度や充実度を変えることはできます。密度が変われば、出せる結果の大きさも変わります。

時間の密度を濃くして集中力を高めれば、

「同じ時間でたくさんの量をこなせる」

あるいは、

「同じ仕事をより短い時間でこなせる」

ようになるため、成長実感を得ることができます。

では、どうすれば時間の密度を濃くできるのでしょうか。

それは、時間に価値を持たせること。

1分1秒に、「この時間は、これをするためにある」と明確に意味を持たせることです。

ゴールに到着するために必要な行動以外の一切をやめる（睡眠や食事といった、生きていく上で不可欠なことには時間を使う）。

すると時間の密度が上がるので（やりたいことだけをやればいいので）、理想の自分に向かって成長することができます。


たとえば、「テレビをつけっぱなしにしていたら、なんとなく観てしまって、いつの間にか1時間経っていた」とすれば、その時間に意味づけをするのは難しい。

ですが、「テレビは、時代の雰囲気や傾向を映し出すメディアだから、これから1時間、話題のドラマを観てみよう。そしてそのドラマが『なぜ人気なのか』を考察してみよう」とマーケターの視点を持っていれば、そこに意味を見出すことができます。

「テレビドラマ」が「仕事」という価値と結びつくため、その1時間は「価値のある時間」になります。

自分の核となる本当の目的を持たず、目の前に並んだ物事に時間を費やすから、時間が足りなくなります。

「自分はどうなりたいのか」

「何を手に入れたいのか」

を考える。

「なりたい自分の姿」を強烈にイメージすることが、時間を有効に使うファーストステップです。

時間管理とは、価値観を管理すること

❖価値の高いものから優先的に時間を使う

時間管理で大切なのは、自分の価値と結びつけることです。

自分にとって
「価値があるか、ないか」

「意味があるか、ないか」

を考え、価値があるもの、意味があるものに時間を使います。

自分の価値・目的・使命（＝ミッション）を明確にして、それに対してのみ選択と行動を続けることが大切です。

「価値」という判断基準を持つメリットは、次の3つです。

【「価値」でスケジュールを決める3つのメリット】

①時間の密度、充実度が上がる

時計で計測される時間は、いつでも同じ間隔を保ちます。それなのに、時間の知覚のしかた（時間の感じ方）は変わります。

「楽しい時間はあっという間に過ぎるのに、退屈な時間はなかなか過ぎない」と感じることがあります。「もう1時間も経った」と思うのか、「まだ1時間しか経っていない」と思うのか、1時間のとらえ方・感じ方は人それぞれです。

時間感覚は、充実度によって左右されます。

やりたいことがあって、それに夢中になって取り組んでいるときは、時間が経つのが「速い」と感じます。

反対に、興味のないことをやっていたり、やることがなくダラダラと過ごしているときは、「遅い」と感じます。

私は、時間を「遅い」と感じたことが一度もありません。なぜなら、毎日、「あっという間」に過ぎていくような、「価値ある生き方」をしているからです。

すべての時間を「自分にとって大切なもの」のために使う工夫をしているため、退屈感を覚えることがありません。

②優先順位がはっきりする（ムダが省かれる）

「価値があることに時間を使う」と決めると、「価値がない」ものには、時間を使わなくなるため、ムダを省くことができます。

仮に、価値を見込めるものが、A、B、Cの3つあった場合は、「それぞれ、自分にどれくらいの価値を与えてくれるか」を見極めて、「大きな価値、複数の価値をもたらしてくれるもの」から優先的に時間を使うようにします。

③能動的に時間を使うようになる

私には「やるべきこと」も、「やらなければならないこと」もありません。私にあるのは、

「やりたいこと」
「やる価値のあること」

だけです。

ビジネスパーソンとして組織の中で仕事をしていく以上、「好きなこと」ばかりができるわけではありません。たとえ望んだ仕事でなくても、任された以上は一定の結果を求められます。

仕事に対して「やらされている」と感じるのは、仕事が、自分の価値と結びついていないからです。

与えられた仕事を「嫌々ながらしかたなく」やったところで、生産性を上げることは不可能です。

仕事を選ぶ基準は、3つあります。

「好き」
「喜び」
「成長」
です。

たとえ、与えられた仕事が「好き」ではなくても、その仕事を遂行するによって、**「相手が喜んでくれる」「自分自身の成長につながる」**のであれば、途中でさじを投げることはないと思います。

嫌いな仕事にも、将来的な価値を見出すことができる。そのことに気がつくことができれば、仕事との向き合い方は変わるはずです。

私は大学院時代に、地味で地道な研究を重ねました。単純な反復作業を何千回も行い、データを取り、分析し、検証をして、論文にする。これの繰り返しでした。「好きか、嫌いか」「やりたいか、やりたくないか」で判断するなら、嫌いだし、やりたくない。

ですが、私がまったく苦に感じなかったのは、「反復作業」と自分の価値を結びつけて考えていたからです。

4年という最短年月で博士号を取得し、さらに臨床を学び、理想の歯科医師になる。そのためには、地味で単調な研究を繰り返す必要がある。研究は、自分の理想と直結している……。

大学院での研究は、すべて自己成長の時間でした。だから私は、どんな研究でも、能動的に、自ら進んで取り組むことができたのです。

「好きではないけれど、自分を成長させるためには、受け入れたほうがいい」と納得することができれば、仕事の姿勢が「受動」から「能動」に変わります。

前向きに、前のめりに、積極的に自分から仕事に関わる。そうすれば、効率性も生産性も、格段にアップするはずです。

❖時間もお金も、意味を見出すことで資産となる

私の娘は私と同業で、歯科医師をしています。現在研修中の娘に、私は毎朝、ＬＩＮＥで次のようなメッセージを送っています。

「努力と時間の掛け算、それが年収になります。とにかく、人より質の高い勉強をしてください」

「現実を見ることなく、情熱も本気もありません。今、この瞬間が、未来の自分になることを忘れないで」

「あとで悔んでも、取り戻すことはできないのが人生です。人生は上がるか、下がるかです」

「時間もお金も、意味を見出せなければ、無価値です。無価値は、浪費と同じです。意味を見出すことによって、資産に変わります。今、自分のしていることが浪費なのか、資産なのかを考えることがとても大事です。投資した時間とお金が『資産』にな

ってはじめて、人から信頼されるようになります」

時間もお金も、意味づけせずにただ使うだけでは、浪費です。何のために使うのかを考える。使う以上は価値を見出す。自分の成長のために、理想を実現するために使うのであれば、お金も時間も、使った金額、使った時間以上の価値をもたらしてくれるはずです。

自分がワクワクするもの＝自分にとって価値あるもの

❖自分自身の素直な欲求にしたがえばいい

「目標が見つからない」「自分には社会貢献といった崇高《すうこう》な志《こころざし》はない」といった理由で、価値を見出せない人がいます。

何かをはじめるのに、「崇高な動機」は必要ありません。大切なのは、「ワクワク感」です。自分がワクワクすることであれば、なんであれ、「価値」に変わります。

社会通念上許される範囲内であれば（犯罪や迷惑行為以外であれば）、動機は不純でもかまわない。「女性にモテる」ことに価値を置いて、「そのために、仕事がデキる人になりたい」と考えるのも立派な動機です。「高級車に乗る」ことに価値を置いて、「そのために頑張ってお金を稼ぐ」でもいい。

私が頑張る理由も、究極的には「カッコよくなりたいから」です。

スポーツクラブに通うのも、ボクシングをするのもカッコよくなりたいから。常にベストパフォーマンスで仕事をするのも、そのほうがカッコよく映るからです。

研修医時代は、周囲から「井上先生は、いつも遅くまで研究に没頭していて、すごいですね」「誰よりも熱心に勉強をしていて、素晴らしいですね」と褒めてもらえるのが嬉しくて、頑張り続けることができました。

少しくらい、エゴイスティックになってもいいから、まずは「ワクワクしたい」という自分の欲求に素直になる。

そしてその「ワクワク感を満たすこと」を優先する。自分のことが満たされると、自然と「他者」に目が向くようになり、社会貢献、他者貢献を意識するようになります。

最初に大切にすべきなのは、自分自身です。

自分の心の声に耳を傾けて、それに応える。自分自身に真摯に向き合う……。

自分を大切にしているから、ほかの人のことも大切にできます。自分自身を大切にできる人だけが、自分以外の誰かを大切にできるのです。

世界平和を考える前に、自分を満たすことを考える。人は、自分が満たされたときにはじめて、「感謝」の気持ちを持てるようになります。

❖三日坊主になるのは、目的意識が薄いから

私は、歯科医師として、あるいは、コーチ（指導者）として、「井上裕之先生」と呼ばれることがあります。

「指導的立場にいる以上、お手本となる」ことが「先生」である私の目的です。

健康管理の重要性を説いている私が、不健康そうに見えたら、カッコ悪い。

患者様やセミナー受講生に「こうしたほうがいいですよ」とアドバイスをしているにもかかわらず、自分ができていなかったら、カッコ悪い。私がジムワークを習慣化

しているのも、「お手本」としての責務です。

「自己管理ができていない人は、他者の管理をしてはいけない」と私は考えています。だから私は自分を律しています。私を支持してくださる方々のためにも、妥協することはできないのです。


目的が明確になっていない人は、目標が頻繁に変わります。

・**目的**……自分の価値。ミッション。
・**目標**……価値を達成するための長期、中期、短期のプロセス。

目標の先に目的がないと、エネルギーが湧きません。

目標だけでは、物事は続きません。

たとえば、「体重を10kg落とすこと」を目標としたとき、「なぜ体重を落とす必要があるのか」、その目的が明確になっていないと、途中で投げ出してしまいます。

あるいは目標を達成したとしても、「なぜやるのか」の答えを持っていないと、体型を維持する努力を放棄して、リバウンドします。

継続できずに挫折するのは、目的に対する欲求が「弱い」からです。「どうしてもそれがやりたい」「どうしてもそれがほしい」という強い欲求を持っていれば、カラダが勝手に動いてしまうものです。

強い欲求は、行動の源泉になります。

たとえば、海外出張があって日本を離れている最中に、「買ったことを忘れて、スーツのポケットに入れっぱなしになっていた宝くじ」を見つけたとします。当選番号を調べてみると「1等3億円」が当選！　ところが、その宝くじの支払期限は明日の19時までです。

このとき「海外にいるから」という理由で、3億円をあっさりあきらめますか？　なんとかして、明日の19時まで帰国しようと手を打つのではないでしょうか。なぜなら「3億円」は強い欲求になるからです。

誰にでも、ワクワクするような強い欲求が眠っています。「自分にはそんなものはない」と言う人は、その欲求に気づいていない、または、封じ込めているだけです。

「何がしたいのか」
「何がほしいのか」
「どうなりたいのか」

を確かめて、欲求を解放する。その欲求が強いほど、目的に向かって脇目も振らずに進むことができます。

人間は自分に甘い生き物ですから、「なんとなく」はじめたことを習慣化するのは難しい。サボり癖や三日坊主を防ぐためには、「ワクワクする価値」を明確にすることです。

私が今、「筋トレ」を最優先にしている理由

❖カラダを鍛えることが、自分のミッションに直結している

私のスケジュールには、「価値のあるもの」しかありませんが、なかでも、現在もっとも価値を置いているのは、ボディ・コンディショニングです。東京と帯広で合わせて週3回、パーソナルトレーナーによるマンツーマンのトレーニングを受けています。

現在の私は、何をおいても「筋トレ」です（笑）。

トレーニングの時間を最初に固定してから（スケジュール帳に記入してから）、それ以外の仕事の予定を組んでいます。

私は1996年から25年間、帯広と東京のダブルスタンスで仕事をしています。毎週、木曜日の最終便で上京し、金曜日から月曜日の朝（午前中）までは東京で仕事をしています（月曜日の午後に帯広に戻って、木曜日の夜まで歯科医師として診察・オペに専念）。

「月曜日の朝」「水曜日の夜（診療後）」「金曜日の朝」にトレーニングのスケジュールを確定させ、それ以外の時間で、出版社との打ち合わせ、講演、セミナーに注力します。

私がボディ・コンディショニングに力を入れているのは、

「カラダを鍛えることが、私のミッション（歯科医師として、作家として、世界最高のレベルにあること）と直結しているから」

です。

フィジカルを鍛えることで健康を維持できるほか、相手に対して、信頼感、安心感、好意、力強さ、他者優位性（ほかの医師や、ほかの講師との違い）を印象づけることができます。

私は歯科医師として、セミナー講師として、コーチとして、「自分はどう見られたいのか」「自分の『価値』をどう見せていくのか」「どのような印象を与えたいのか」を常に意識して、「見た目」からメッセージを伝える努力をしています。

そんな私にとって、ボディ・コンディショニングは不可欠です。自分をメディア化し、自らの力でプロモーションをするためにも、見た目（人に与える印象）を整えることは、とても重要です。

❖筋トレをすることで手にする7つの価値

私が筋トレを優先順位の最上位に置いているのは、「健康」と「見た目」以外にも、多くの付加価値を与えてくれるからです(筋トレは時間の管理にもプラスに働きます)。

筋トレには、おもに7つの価値があります。

【筋トレが持つ7つの価値】
①カラダだけでなく、心も鍛えられる
②ゴールからの「逆算思考」が身につく
③数字&データで物事を考える習慣がつく
④PDCAサイクルを回す練習になる
⑤食事のクオリティが上がる
⑥頭が冴えた状態になる
⑦エネルギーを全力で発散できる

①カラダだけでなく、心も鍛えられる

筋トレは、己との闘いです。

バーベルを持ち上げて「ああ、ツライ。これ以上は無理だ」と思ったとき、あきらめるのか、あきらめないのか。

私は常に、「人生は、やるか、やらないか」「勝つか、負けるか」の2択だと考えています。私にとって途中であきらめることは、「負け」に等しい。

「あと1回バーベルを上げることができれば、それだけ自分の理想に近づける！」と思えば、「やらない」という選択はありえません。苦しくてもリミッターを外して、限界を超えて、「まだいける！　まだできる！　あと1回！」と自分を奮い立たせます。

たとえば、腹筋を鍛えるとき、多くの人は、「1、2、3、4、5……」と数えます。

私の場合、数を数えずに腹筋をとにかく動かし、「もう限界だ」と思ったときから「1、2……」と数えます。

腹筋は、限界を超えてからが1回目です。

限界を超える体験を繰り返すことで、筋肉も、メンタルも鍛えられます。


医学的・科学的にも、筋トレとメンタルヘルスの関係性が明らかになっています。

スウェーデン・カロリンスカ研究所が発表した研究結果によると、筋トレや運動をすることで、うつ病・統合失調症との関係が認められている「キヌレニン」というアミノ酸が減少することがわかっています（2014年に科学誌『Cell』に発表）。

②ゴールからの「逆算思考」が身につく

ボディ・コンディショニングは、「現在のコンディション」と「目標とするコンディション」の差分《さぶん》を埋めていく作業です。

逆算思考とは、ゴールと期日を定め、それを実現するためのプロセスを逆算して洗い出し、実行していく考え方です。

最初に、「6ヵ月後に、体重を○kg、体脂肪を○%にする」という目標を設定し、それに合わせてメニューを組み、「どのトレーニングを、どれくらいの頻度で行うか」を決めていきます。6ヵ月後の目標から逆算し、「今日」やることを決めるわけです。

逆算的な思考をすると、「ゴールを達成するために、自分が何をやるべきなのか」を具体的に把握できるため、納得しながら行動を習慣化できます。

私の場合、「キレイに洋服を着こなす」「洋服のサイズに合ったボディバランスを整える」ことが目的（ゴール）であり、そのために、「どこの筋肉を増やし、どこの筋肉を減らすのか」を逆算して考え、トレーニングメニューを組んでいます。

③ 数字＆データで物事を考える習慣がつく

私は毎日、自分のコンディションを「数字」と「データ」で把握しています（体重、体脂肪、筋量、水分量、代謝、ＢＭＩなど）。

自分の「数字」を毎日チェックしていると、昨日の自分と今日の自分のわずかな変化を見逃すことがありません。仮に今日、昨日よりも２００ｇ体重が増えたとしても、微差であれば、翌日には体重を元に戻すことができます。

ビジネスも筋トレと同じで、「数字」の世界です。

毎日の数字（販売数、顧客数、歯科医院の場合は患者数、人件費、在庫などを）をチェックしていれば、「異常値」を見つけやすくなります。

業績や成績が伸び悩んでいるとき、多くのビジネスパーソンは、「数字」から目を逸らそうとします。

しかし、すぐに手を打たなければ大きな損失を生み、手遅れになることが考えられます。微差に気づかずに大差になってしまうと、経営を立て直すのは容易ではありません。

それを避けるためには、毎日数字を見て、データを分析する。そして異常値が見つかれば、すぐに具体的なアクションを起こして対応する必要があります。

筋トレもビジネスも、自分（自社）の数字をつぶさにチェックし、微差のうちに修正する習慣を身につけると、目標を達成しやすくなります。

④PDCAサイクルを回す練習になる

PDCAサイクルは、Plan（計画）→Do（実行）→Check（評価）→Action（改善）を繰り返すことによって、業務を継続的に改善する手法です。

【筋トレにおけるPDCAサイクル】

・Plan（計画）

……「最終的に、どのようなカラダをつくりたいのか」を明確にし、ゴール（理想のコンディション）から逆算してメニューを組み立てる。

・Do（実行）

……メニューにしたがって、トレーニングを実行する。

・Check（評価）

……プランどおりの結果が出ているのか、定期的に検証する。

・Action（改善）

……計画どおりの成果が出ていれば、継続。効果が見られなければ、重量設定やメニューを見直し、改善・調整する。新しいメニューを含んだ計画を立て、実行し、確認し、また改善する。

筋トレの習慣は、ビジネスにおけるＰＤＣＡの習慣につながります。筋トレを続けていると、仕事やプライベートでも、ＰＤＣＡサイクルを回せるようになります。

⑤食事のクオリティが上がる

筋トレの成果を最大化するには、適切な食事が必要不可欠です。栄養学の知識が身についてくれば、健康的な食事にこだわるようになり、食事のクオリティが上がります。

私は、過度な食事制限をしていません。「食べたいものを食べる」のが基本です。

ですが、摂取カロリーや消費カロリーのバランスを考えながら、「21時以降は食事を抜こう」とか、「今日はたくさん食事をしたから、2日以内に軌道修正しよう」といったように、食事の量、栄養素、食べる時間、調理法などを調整しています（こうした調整力は、時間の調整にも発揮されます）。

⑥頭が冴えた状態になる

筋肉と知性は対極にあるように思えますが、じつは、筋肉量は脳の働きにも好影響を与えることがわかっています。

東京大学教授で日本随一の筋肉博士と称される石井直方《なおかた》教授は「筋トレが脳を賢くする可能性がある」と述べています。筋肉を動かすことで筋肉そのものから分泌される物質を総称して「マイオカイン」と呼びます。その中のひとつが脳に作用して神経細胞を増加させたり、減少を防いだりする効果が認められています。

筋肉の量が多いとマイオカインの量も増えるので、一定量の筋肉を維持し活動させることが、脳を賢くすることにつながる可能性があるわけです（参照：『朝日新聞デジタル』2019年1月18日「筋トレは脳を賢くする可能性がある」）。

また、2016年にアメリカ国立老化研究所などのチームが「筋肉の働きで記憶力が高まる可能性がある」という論文を発表しています。

運動をしたときに筋肉の細胞から出ると考えられる「カテプシンB」という物質が増えた人ほど、記憶力テストの成績が向上したそうです(参照:『NHK健康チャンネル』/大注目!筋肉に秘められた〝スーパー健康パワー〟)。

⑦エネルギーを全力で発散できる

人は、世の中や、社会や、他者との調和の中で生きています。

とくに日本人は農耕民族であり、訪れる四季に柔軟に対応するため、自分のまわりと調和する必要がありました。

他者と調和し、活動を連携させることが成功への要諦であることに疑いはありません。

ですが一方で、自分の主体性を失い、「調和」ではなく、「迎合」の状態が続いてしまうと、自分のためにエネルギーを解放することが難しくなります。

「迎合」とは、他者に合わせることです。

たとえば、フェラーリに乗っているのに一度もアクセルを踏み込んだことがなく、軽自動車のスピードに合わせて走るだけでは、フェラーリ本来のポテンシャルを発揮することはできません。

人間は誰しも、高い能力を持っています。ですが「迎合」に慣れてしまうと、自分の能力やエネルギーを発散できずに、ストレスを溜め込むことになります。

私は現在、体幹トレーニングやクロスフィット（歩く・走る・起き上がる・持ち上げる・押す・引く・ジャンプするといった動作を高い強度で行うトレーニング）のほかに、「PRIDE」で活躍した格闘家、大山峻護《おおやましゅんご》さんに師事し、ボクシング（ファイトエクササイズプログラム）に取り組んでいます。

私がボクシングをはじめた理由は、「可動性の高い筋肉をつくること」のほかに、「エネルギーを解放するため」です。

私は日ごろから自分のエネルギーを使いこなしていますが、それでも、ボクシングのトレーニングをすると、

「まだまだ、レッドゾーンにまで踏み込んでいなかった」

「まだまだ自分には余力があった」

と気づくことができます。リミッターを外してエネルギーを解放する上で、ボクシングはもっとも適したスポーツです。

一度、自分のレッドゾーンに踏み込む経験をしてみるとよいのです。

相手の価値観に合わせると、目的達成までのスピードが加速する

❖自分のためだけではなく、他人のためにも時間を使う

時間管理の原則は、自分の価値観を優先することです。すべての時間を「なりたい自分になる」ために使うべきです。

ですが私は、「なりたい自分になることが最優先」だからといって、「他人のために自分の時間は一切使わなくていい」とは思っていません。なぜなら、

「相手のために尽くすこと」

「相手の価値観に自分の価値観を合わせること」

「相手と自分の価値観を共有すること」

によってキーパーソンの目に止まり、引き上げてもらうことができるからです。

ビジネスシーンでは、上司、部下、取引先、クライアントが「何を求めているのか」「相手が何を重視しているのか」を察し、「相手が求める価値」を提供する姿勢が大切です。

私が日ごろお世話になっているA教授は、「規律」や「礼節」を重んじる方です。A教授と接するときは、挨拶・身だしなみ・言葉遣いに気を配ることが大切です。

それなのに医局の中には、A教授が大切にしている「価値感」に気づかず、「規律」や「礼節」を無視して振る舞う医局員もいます。

規律と礼節を持ってA教授と接する医局員Bと、自分勝手な医局員Cでは、どちらが教授に信頼されるかは明白です。

A教授からの信頼も厚く、目をかけてもらえるのは、医局員Bです。

医局員Cに歯科医師としての技術があれば、「仕事の評価」を得ることはできるかもしれない。ですがA教授の「情」や「信頼」を獲得するには至らないと思います。なぜなら、価値観の共有がなされていないからです。

❖相手が望む「自分」になることが、成功の近道

自分に「こうなりたい」という結果（ゴール）と、結果を得るためのプロセスがあるように、相手にも、「こうなりたい」という結果と、結果を得るためのプロセスがあります。


「相手は、どういうポジションの人なのか」

「相手は、どういう結果を求めているのか」

「結果を得るために、どのようなプロセスを踏もうとしているのか」

を考え、相手にとって有益な価値を提供する。相手にとって有益な「自分」になる。

そうすることで、今度は相手から、「信頼」という大きな資産を返してもらうことができます。

私は作家として、雑誌の別冊なども含めると、これまでに約80冊の著作を出版してきました。年平均、7~8冊のペースで書籍を刊行しています。私がたくさんの出版の機会をいただけているのは、私が編集者の価値観に合わせているからです。


私の場合、「自分の書きたい本を出す」というよりも、

「編集者が私に求めている価値は何か」

「編集者は、どのような著者を望んでいるのか」

「編集者は、どのような本をつくって、どのような結果を得たいのか」

を考え、「編集者に合わせて自分の本をつくる」ように心がけています。

相手の価値観に合わせているからこそ、私はたくさんの出版の機会を得て、「作家として、発行部数100万部のベストセラーを出す」という「なりたい自分」に近づくことができるのです。


自分の要求を押し付けるだけでなく、相手の要求にも答える。

自分の価値観と相手の価値観を合わせる調整力を発揮することで、「なりたい自

分」になるスピードが加速しはじめます。

相手が求めている価値を察して、「相手の役に立つこと」をしようとすれば、つらいこと、苦しいこと、厳しいことも出てきます。

ですが、それでも相手が望む自分になることを心がけて行動をしていくと、次第に自分に「できること」が増えてきます。その結果、自分自身が成長していくのです。

Chapter 2

時間を制する人が人生を制する

うまくいかなかった過去でさえ、最高の時間だったと考える

❖運は偶然ではなく、つくるもの

ホームファニシングストア「ニトリ」の創業者で、株式会社ニトリホールディングスの似鳥昭雄《にとりあきお》会長は、著書『運は創るもの　私の履歴書』（日本経済新聞出版社）の中で、

「運は、それまでの人間付き合い、失敗や挫折、リスクが大きい事業への挑戦など、深くて、長く、厳しい経験から醸成される」

と述べています。

似鳥昭雄会長は、「ニトリの成長は『80%運』」だと言いながらも、「その運は偶然の産物ではなく、創るものである」と主張しています。私も似鳥昭雄会長と同じく、「運は偶然ではなく、自らつくるもの」だと考えています。

では、どうやって運をつくるのか。

過去のすべてを肯定すればいい。

運は「解釈」によってつくられます。

運はすべて、主観的です。運の良し悪しは「本人がどう思うか」で決まります。運がいいと思えば、運は良くなります。悪いと思えば悪くなります。

すべての時間をムダにしない「たったひとつの方法」があるとすれば、「どの出来事も、ムダではなかった」

と、自分の都合のいいように解釈することです。

たとえ結果が出なくても、たとえ失敗しても、たとえ思い通りにいかなくても、その時間に価値を見出せばいい。「あの失敗があったから、今がある」と過去を肯定した時点で、運は良くなるのです。

❖つらい出来事からも、前向きな意味を見出せる

私自身、これまで何度も失敗し、何度も落ち込み、何度も挫けそうになりました。ですが事実を受け止め、受け入れ、その事実から価値を見出してきました。うまくいかないことに直面しても、

「なぜ、失敗したのか」
「どうすれば、逆境から立ち直ることができるのか」
「この失敗からどのような教訓を導き出せるのか」
「同じ失敗をしないために、どのように改善をすればいいのか」

を検証して、失敗という経験の中から、ポジティブな価値を発見してきたのです。

私の運がいいとすれば、それはすべての事実を肯定し、価値を見つけ出してきたからです。

「結果が出ないこと」もムダにしない。「結果が出ない」ことで得られる価値がありま
す。

とてもつらくて悲しい出来事からも、価値を見つけたり、生み出すことはできます。
逆境の中にも光を見つけることができます。

過去も最高の人生と考える。
過去も肯定する。
その瞬間から、運はつくられていくのです。

「やらなければいけないこと」を「やりたいこと」に変換する

❖「やらなければいけないこと」があるうちは、成功しない

2019年11月、早稲田大学で大学生を対象としたセミナーに登壇したときのことです。質疑応答の時間に、学生のひとりから、次のような質問をいただきました。

「やらなければいけないことが多すぎて、やりたいことができません。どうしたらいいですか？　やらなければいけないことと、やりたいことの折り合いをどうつけていいのか、わかりません」

この学生は、「世の中には、『やりたいこと』と『やらなければいけないこと』がある」という前提に立って質問をしていますが、そもそも前提が間違っています。「やりたい」「やりたくない」「やらなければならない」という発想を持っているかぎり、時間を能動的に使うことは不可能です。

私は、「世の中に、『やらなければいけないこと』はない」と考えています。私のスケジュールの中に、義務や強制をともなった「やらなくてはいけないこと」は存在しません。

私の場合、すべて「やりたいこと」です。

なぜなら、たとえ「やりたくないこと」であっても、「自分の成長につながる価値」を見出して、「やりたいこと」に変えることができるからです。

「なりたい自分」になるためには、ときに「やりたくないこと」「やらなければならないこと」に時間を割くときもあります。

ですが、価値観が明確になっていれば、それさえ楽しめるようになります。「やりたくないこと」も、「やらなければならないこと」も、成長の糧《かて》になるからです。

❖「自分勝手」には、「良い自分勝手」と「悪い自分勝手」がある

これまで、1億円以上の自己投資を行い、世界の成功法則を学んできた結果、わかったことがあります。それは、

「自己啓発の基本的なスタンスは、『自分の人生は自分のもの』とする概念である」

ことです。

したがって、「自分がワクワク感を覚えること」のためにすべての時間を費やすのが、人としてのあるべき姿です。

ですが、誤解をしてはいけないのは、「自分の気持ちに素直に生きること」と、「自分勝手に振る舞うこと」はイコールではない、ということです。

「ただやりたいことだけやればいい」

「いちばん大切なのは自分。他人よりも自分を優先する」

といった考え方は、半分正しくて、半分間違っています。

私は、「自分勝手」には、「良い自分勝手」と「悪い自分勝手」があると思います。

・良い自分勝手

……社会との調和がとれた自分勝手。人に好かれる自分勝手。

・悪い自分勝手

……周囲への配慮が足りない自分勝手。自分の利益のみを守ろうとする自分勝手。人を振り回したり、人を困らせたりする。

自分の生き方を貫くために、他者を押しのけるのは間違いです。自分勝手に振る舞えば、他者を傷つけることにもなりかねません。傍若無人《ぼうじゃくぶじん》であれば、やがて見放されます。

人間誰しも、ひとりでは生きられない。「なりたい自分」になるためには、多くの人の協力が必要です。

そのためにも、他者へのやさしさを忘れてはならないのです。

決定で大事なのは、正しさではなく、早さである

❖「選択できる人」になるための3つのコツ

仮に、私の目の前に「A」と「B」、2つの選択肢が並べられたとします。このとき私は、「どちらにしようか」と迷うことはありません。即断即決です。私が迷わない理由は、3つあります。

【選択に迷わない3つの理由】

① 自分の価値が明確になっている

②選択の正しさよりも、選択の早さを重視している
③時間をかけてもかけなくても、考えることは一緒

①自分の価値が明確になっている

ひとつは、自分の価値が明確になっていることです。

「A」と「B」を比べたときに、価値の高いほう（自分の目的達成に有益なほう）を選べばいいので、迷わない。

仮に「A」と「B」が自分にとって同じ価値だとしたら、どちらを選択しても同じだけの価値を得られるのですから、どちらでもいい。「じゃんけん」で決めてもいいわけです。

②選択の正しさよりも、選択の早さを重視している

選択で大切なのは、正しさではなく早さです。「正しく選択する」ことより、「早く選択する」ほうが正しい。

「A」と「B」、どちらでもいいから決める。

「A」を選択して行動に移してみて、結果が出なければ、PDCAサイクルを回して改善を試みる。

それでも結果が出なければ、「B」に戻ればいい。

実行するのが早いほど、間違いに気づくのも早くなり、修正も早くできます。走り出してから軌道修正したほうが、結果的にゴールにたどり着くのが早くなります。

また、自分の意思で選択したのであれば、うまくいっても、うまくいかなくても、どちらでも納得できるはずです。

うまくいけば、「もっと頑張ろう」とさらに奮起するし、うまくいかなければ、「次こそは！」と改善につなげればいい。どちらにせよ大切なのは、早く決めて先に進むことです。

③時間をかけてもかけなくても、考えることは一緒

元ソフトバンク社長室長で、長年、孫正義社長の秘書を務めた三木雄信氏は、著書『孫正義「リスク」を「成功」に変える28のルール』（KADOKAWA）の中で、孫正義社長の意思決定のルールについて次のように紹介しています。

「どんなことでも10秒考えればわかる。10秒考えてもわからない問題は、それ以上考えても無駄だ」

孫社長のルールを裏付けるのが、「ファーストチェス理論」です。

この理論は、チェスゲームをする際、「5秒で考えた手と、30分かけて考えた手は、86％が同じ」というものです。

つまり、長考《ちょうこう》しても、直感にしたがってすぐに決めても、出した結論はそれほど変わらない。だとすれば、選択に迷うのは、単なる時間の浪費でしかありません。

❖選択基準を3つに分類して考える

選択をする際の本質的な基準は、

「自分の夢のために必要かどうか」

「これがなければ目的・目標に近づけないかどうか」

です。

自分にとって必要なものと不必要なものが明確になれば、的確な選択ができるようになります。

それでも選択に自信がないときは、選択基準を3つに分類して考えます。

①絶対になくてはならないものか

……「絶対に必要な仕事か」「絶対に関係を保ったほうがよい相手か」

②なくてもいいけれど、あっても邪魔にならないものか

……「やらなくてもいいけれど、やったほうがいい仕事か」「付き合わなくてもいいけれど、ときどきは付き合ってもいい人か」

③なくても困らないものか

……「やらなくてもいい仕事か」「付き合う必要のない人か」

多くの人は、「③」だけやめようとしますが、選択基準を明確にするのなら、「①」

だけ残して、「②」と「③」をやめる（捨てる）ことです。

なぜなら、3つの中でもっとも数が多いのが「②」（なくてもいいけれど、あっても邪魔にならないもの）だからです。

「②」の存在が日々の選択や時間の活用に悪影響を及ぼしています。「絶対になくてはならいもの」だけを残すという意識を持てば、選択の精度は上がります。

ルール化、パターン化、習慣化で時間の最大化を実現する

❖「自分ルール」を愚直に守ると、「やらないこと」に時間を取られない

「Twitter（ツイッター）の創業者、ジャック・ドーシーは、「する／しない」リストをつくり、時間の使い方を含め、自分の生活に規律を持たせています。
ルールを決めておけば、ルールに則《のっと》って行動（選択）をすればいいので、「どうしようか」と迷うことがありません。

【ジャック・ドーシーのリストの一部】

（するリスト）

・今を生きる：過去にも未来にも執着しない。
・弱みを見せる：自分のミスや恐怖を人に見せると、他人と仲良くなりやすい。
・レモン水と赤ワインだけを飲む。
・毎日20回のスクワットを6セット、3マイルのランニング。
・このリストに関する瞑想。
・真っ直ぐ立つこと、重いバッグを10分間持つこと。
・みんなに挨拶をする。
・7時間睡眠を取る。

（しないリスト）

・目をそらさない（アイコンタクトを避けない）。
・遅刻しない。
・期待せず、期待に応えようともしない。
・砂糖を摂らない。

（参照：ライフハッカー［日本版］／『the Next Web』）

たとえば、「取引先とアポイントがある場合、約束の1時間前には現地に到着しておく」「3日に1回、最低3㎞、ジョギングをする」「就寝前に、毎日1時間、読書をする」などとルールを決める。そしてルールを決めたら、例外をつくらずに愚直に守り続ける。

そうすれば、「するか、しないか」「右か、左か」「Aか、Bか」の選択に時間を取られることはありません。ルールにしたがって自動的に決めればいいからです。

❖ルール化、パターン化、習慣化で機械的に仕事をする

時間を効率良く使うには、ルール化、パターン化、習慣化が有効です。

同じパターンを繰り返すことで、「慣れ」が生じて、環境の変化によるストレスを軽減できます。

私が上京するたびに、同じホテルの同じ部屋に宿泊するのも、ホテルを探す手間を

なくし、環境の変化にさらされないためです。宿泊するホテルのラウンジで打ち合わせをするときも、席が空いている場合は、「同じ席」に座るようにしています。会食に誘われたときは、「相手が行き慣れたお店」に行くようにしています。そのほうが、「相手にストレスを与えない」「相手の生活リズムを崩さない」からです。

歯科医師として手術をするときも、パターン化してプロセスを管理したほうが（パターンを組み合わせる）、効率が良く、安全です。パターンに則って、機械的に手を動かせばいいので、不安やストレスを遠ざけることができます。

❖ルーティンワークは、作業時間の予測が立てやすい

ルーティンワークは、仕事の手順や段取りが決まっているため、業務の効率化が可能になります。

業務が定型化していることで、作業時間や作業量の予測が立てやすいのもメリットです。

仕事をルーティン化しておけば、目の前のやるべきことを淡々とこなしていけばいいため、仕事もはかどります（同じことを繰り返すので習熟度が上がり、仕事の質もアップします）。

また、同じことを繰り返していると、日々の違い（異常値）に気づきやすくなるため、修正・対策を講じやすくなります。

「始業前の10分間は、今日やる仕事をチェックする」「午後の始業前の10分間は、部下や後輩に進捗状況を確認する」など、ルーティンワークを設けると、仕事にリズムが生まれます。

人生に「リタイア」など存在しない

❖ 経験を積み重ねた先にしか、できないことがある

たびたび私は、

「井上先生はいつもお元気ですけど、何歳までお仕事をされるのですか？」

「引退について、どのように考えているのですか？」

といった質問をいただくことがあります。私の返事はいつも同じです。

「トコトンまでやります」

私の頭の中に、セミリタイアやアーリーリタイアという発想はありません。

一生涯、「一流の歯科医師、作家、セラピスト、コーチ」としてあり続けたいと考えています。

私がリタイアしない理由は2つあります。

①「年齢や経験を重ねるほど熟達すること」があるから

経験は、資産です。しかもお金と違って増え続ける資産です。目減りすることはありません。

歳を重ねて体力が落ちたとしても、これまで培ってきた知識・スキル・経験で十分に補うことが可能です。むしろ、補って余りあります。

とくに外科手術の場合、歳を重ねるほど腕が良くなる傾向にあります。カリフォルニア大ロサンゼルス校の津川友介助教らが、英医学誌『BMJ』に発表した報告によると、「外科手術は若い医師より高齢の医師が執刀した方が患者の死亡率が低い」という研究結果が出ています（参照：『毎日新聞』2018年5月9日）。

②「誰かの役に立ちたい」という欲求があるから

ミッションを持って仕事をしている人は、リタイアしません。使命感があるため休んでいられないのです。

自分の仕事の価値を認められている人(自分で自分の価値を認めている人)は、悠々自適な人生を送ろうとは思いません。悠々自適な人生はつまらない。なぜなら、不労所得を確保して自動的にお金が振り込まれるようになったとしても、それだけでは貢献欲求が満たされないからです。

貢献とは、相手の立場に関係なく尽くすことです。相手が誰であれ、その人のために自分が持っている最大限の力を発揮するのです。

貢献の多くは見返りを求めていないので、一方通行で終わります。しかし、自分の力を最大限に発揮する過程で、自然にかつ次第に自己成長することが可能です。「他者の幸せ」のために、自分の知識・スキル・経験を発揮することが、結果的に「自分の幸せ」につながります。

映画『ローマの休日』『ティファニーで朝食を』『麗《うるわ》しのサブリナ』などで主演を務

めたオードリー・ヘップバーンは、60歳になるまで女優業を続けました。

その後彼女は、静かな余生を過ごすことなく、ユニセフ親善大使として、ボランティアの世界に身を投じました。

オードリー・ヘプバーンが生前、2人の息子、ショーンとルカに読み聞かせた詩があります。

アメリカの詩人・サム・レヴェンソンの詩集『"Time Tested Beauty Tips"(時の試練によって磨かれる美)』に収録されているものです。

この詩の中に、次の一節があります。


「年をとると、人は自分に2つの手があることに気がつきます。

ひとつは、自分自身を助けるための手。

もうひとつは、他人を助けるための手。」


彼女が後半生のほとんどをユニセフの仕事に捧げたのは、貢献欲求と強い使命感を持っていたからです。

生命の危険があるものを除き、やりたいことをやるのに年齢制限を設けてあきらめるのは、不合理です。

やりたいことがあるのなら、たとえ何歳であっても、やる。周囲の反対や視線を気にする必要はありません。

若い時期には、ひとつのことに「徹底的に取り組む時間」を持つ

❖若いうちは、自己成長のために時間を使う

若いうちはまだ、知識・スキル・経験が備わっていません。ですがその代わり、努力と体力でカバーすることが可能です。

私は子どものころから、「一番になりたい」という思いを強く持っていました。中学校では卓球部に所属し、「優勝」という目標を決めて、ただひたすら練習に打ち込みました。運動神経は人並みでしたが、人一倍練習することで優勝し、地区のシード選手にも選ばれました。

私は部活を通して、

「努力すれば、目標は達成できる」

「目標を達成することは、大きな喜びである」

ことを学んだのです。


大学院時代も、早く結果を出すために、「時間の量」を確保していました。しーんと静まり返った教室で、翌日の研究テーマに関する資料づくりを行っていたことを今も覚えています。経験が不足している分、とにかく頭と体を使い切っていました。

30代に入って「いのうえ歯科医院」を開業したあとも、必死でした。歯科医師としての知識を得るために、四六時中本を読み、診療外の時間を使ってセミナー・研修に通いました。冠婚葬祭にも出席せず、その時間を「自己成長」のために使ったのです。

一見スマートにやってきたと思われていますが、とんでもない。目標を設定したら、人一倍時間をかけて、泥臭く努力を続けて、達成するまでやり続けてきたのです。

人生には、「徹底的に取り組む時間（時期）」があります。「成長したい」という思いを持ち、日々の「一所懸命」を積み重ねることで、物心ともに豊かな自分が完成します。

❖ひとつの目標をクリアするまでは、ほかのことは捨てる

すべての目標を同時に達成することはできません。目標達成は「トレード・オフ」（何かを達成するために別の何かを犠牲にする関係）です。

一方を達成しようとすると、他方の目標達成を犠牲にしなければなりません。

私が歯科医師として「満足できる」と自己肯定できるようになったのは、45歳のときです。

しかし、歯科医師として一定の評価をいただけるようになった一方で、置き去りにしてきたものがあります。それは、「文化的な教養」です。

芸術には無縁で、世界の名所・旧跡も知らない。歯科医療の分野で結果を出すことはできても、それ以外のことには無知でした。「一流のデンタルチームがどういうものか」はわかっていても、それ以外の一流に触れてこなかったのです。

そこで私は、ようやく「45歳までにやってこなかったこと」「目標を達成するために犠牲にしてきたこと」を取り戻すために、時間を使うようになりました。

ひとつの目標をクリアするまでは、「ほかのことを捨てる（ほかのことを脇に置く）」のが得策です。

2つのことを同時に成し遂げようとしても、結局どちらも失敗に終わる可能性が高い。「二兎《にと》を追う者は一兎《いっと》をも得ず」です。

❖人生のすべての失敗は、学びの宝庫

人生は、舗装された平坦な道ではありません。上り坂も下り坂も、荒れた道もぬかるんだ道も乗り越えていくのが人生です。ときには、道に迷ってしまうこともある。

「凡庸《ぼんよう》でもいいから、なるべく平坦な道を行きたい」と思っても、平坦な道が続くことはありません。

人生には必ず波風が立ち、必ず問題を抱えます。必ず苦労します。必ず失敗します。ですが、問題も苦労も失敗も、すべてが「経験」という資産です。

失敗のない人生とは、成長がない人生です。失敗は、成功のチャンスです。大なり小なり、それまでの人生のすべての失敗は、学びの宝庫です。

失敗したときは、「何がよくなかったのか?」と、原因の分析をします。原因が判明したら対策を考えて、実行する。成功するまで、それを繰り返します。失敗を活かした行動をすることが、学びの成果です。

挫折をしても失敗をしても、そこで何かを学び、新たな一歩を踏み出せばいいのです。

Chapter 3

時間の使い方で、仕事の成果は大きく変わる

「時短」の流れの中で、いかにして生産性を上げるか？

❖労働生産性を高めるには、自身のスキルアップが条件

２０１８年の通常国会で「働き方改革関連法」が成立しました（正式名は「働き方改革を推進するための関係法律の整備に関する法律」／２０１９年４月より法案の一部が施行）。

厚生労働省のリーフレット「働き方改革〜一億総活躍社会の実現に向けて」には、働き方改革を次のように定義しています。

・働き方改革

……働く方々が、個々の事情に応じた多様で柔軟な働き方を、自分で「選択」できるようにするための改革。

働き方改革関連法は、労働基準法、労働安全衛生法、労働契約法、パート法、派遣法などいくつもの法律が対象となっており、改正内容も多岐にわたっています。

働き方改革を推進するために、厚生労働省は、

「時間外労働の上限規制の導入」
「毎年5日、有給休暇の取得」

などの整備を進めています。したがって、「労働時間を減らして生産性を向上させる」ことが企業の命題になっています。

歯科医院の場合だと、労働生産性を上げるためには、おもに次の施策が考えられます。

①患者様の数を増やす（1日の来院患者数を増やす）

ひとりの患者様の治療時間を短くするように努力します。

② リピート率を増やす

競争が激しい歯科医院では、患者の再受診率を上げるための工夫が必要です。

③ 患者様の単価を上げる

「単価」を上げるには、「自費率を上げる（自費診療）」ことが前提です。

①〜③の施策を実現するには、

「歯科医師のレベルが高いこと」

「レベルの高い歯科医師になるための研鑽《けんさん》を怠らないこと」

が絶対条件です。

手技はもとより、コミュニケーション能力、プレゼンテーション能力などが高いレベルになければ、治療時間を短縮することも、リピートを増やすことも、自費診療を勧めることもできません。

時間を短縮し、それでも収益を上げるには、

「自己成長のために多くの時間を投下して、高いスキルを身につける」

ことが必要です。

❖「市場シェア」よりも「マインドシェア」を意識する

収益を伸ばそうとしたとき、多くの歯科医院経営者は、最初に「新患数を増やそう」と考えます。

ですが、収益を伸ばすために新患を増やすのは、間違えた発想です。

成長期にある市場では、「シェアを奪うこと」がマーケティングの基本戦略です。

しかし、歯科医院のように成熟期に入った市場では、「市場シェア」よりも「マインドシェア」を意識すべきです。

・マインドシェア

……患者様の思考の中に占める自院の割合を増やすこと。「患者様とどんな関係を構築するのか」によって決まります。

患者数を多く集めても、自費率が低ければ、「治療に追われ、それでいて利益が上がらない」という悪循環に陥ってしまいます。したがって、新患を集めるより、既存の患者様の満足度を高めるほうが収益を伸ばすことができます。

マインドシェアの考え方は、歯科医院にとどまらず、成熟産業の高収益化のヒントになります。

新規顧客の開拓ばかりに目を向けず、既存顧客との関係を構築し、ファン化することが、キャッシュフローを改善する要諦《ようてい》です。

市場シェアよりも、顧客のマインドシェアを増やす施策に時間を費やすことが大切なのです。

新規事業で勝負するのではなく、既存事業の改善を図る

❖生産性を上げる2つの方向性

会社の（あるいは、ビジネスパーソン個人の）生産性を上げるには、2つの方向性が考えられます。

①イノベーションを起こす方向性

新規事業をはじめるなど、新しい価値を提供する。

② 業務改善をする方向性

会社の課題の改善など、「うまくいっていないこと」「改善の余地があること」を減らす（課題をなくす）。

労働生産性を上げるための正しい順番は、

「② 業務改善 → ① イノベーション」

です。

本業で利益が上がらない段階で新事業に手を出すと、成功する確率は低いと思います（本業さえうまくいかない経営者に、新規事業が成功するとは思えない）。だとすれば、余計な新事業に手を出さず、本業で儲かるように業務改善やコストの見直しをすべきです。

個人の仕事も同様です。労働生産性を高める最初の一歩は、課題を洗い出し、改善策を講じることです。

ダラダラと続く会議や残業。こうした慣習を一気に「ゼロ」にするのは難しいので、会議なら「開始から2時間を超えない」というルールをつくる。残業なら「20時以降は禁止」と決める。自分の作業を見直して、ムダな作業をしていないか確認する。そうすれば、30分~1時間という単位で時間の節約が可能です。

❖マインドを変えなければ、残業はなくならない

「平成28年度産業経済研究委託事業（働き方改革に関する企業の実態調査）報告書」（日本経済新聞社）によると、「自社の長時間労働の原因について、あなたはどのように考えていますか」という質問に対して（33~73歳の男女／経営企画・事業企画と経営管理の部長職以上／有効回答数206サンプル）、もっとも多かった回答は、「管理職（ミドルマネージャー）の意識・マネジメント不足」で、次いで、

「人手不足（業務過多）」
「従業員の意識・取り組み不足」
「社員の生産性・スキルの低さ」

「長時間労働を是とする人事制度・職場の風土」

の順となっています。

この結果からも、長時間労働の原因となっているのは、

「意識の低さ」

「スキルの低さ」

にあることがうかがえます。

日本企業の残業体質や非生産的な体質をつくり上げている根本的な原因は、働かせる上司と働いている部下たちの意識です。

だとすれば、長時間労働を是正して、労働生産性を上げるために必要なのは、社員のマインドを変えることです。


「残業はしない」

「残り時間でこれだけの仕事をする」

とマインドをセットして、達成するためのありとあらゆる方法を考える。

途中で上司やクライアントから呼び出され、中断を余儀なくされたのなら、計画を

変更したり軌道修正したりして、やり切る。

そうすれば、勤務時間内での仕事を最大化できます。マインドを変えることによって、少ない時間であっても、大きな成果を上げることが可能になります。

「他人の力を借りる」ことで、質の高い仕事が可能になる

❖仕事量が増えたときは、いったん、手放すのが正解

仕事の量が多いのは、「できる人」と思われている証です。「あの人ならやってくれる」と評価されているからこそ、仕事を任されます。

仕事をたくさん抱えることは、悪いことではありません。できなかったことができるようになるからです。

「仕事をたくさんこなす↓スキル・経験値が上がる↓さらにたくさんの仕事をこな

せるようになる→「できる人」だと認められる→仕事をたくさんこなす……」

というサイクルを回し、自分に負荷を与え続けることで、人は成長していきます。

とはいえ、どれほど経験を積んでも、どれほどスキルを身につけても、ひとり当たりの仕事量には限界があります。

抱え込みすぎると心身ともに疲弊して、生産性を落としてしまいます。仕事の依頼先に迷惑をかけることにもなりかねません。

そんなときは、仕事の一部を「手放す」のが得策です。

手放すとは、断ることではなく、「人の手を借りる」ことです。

私は歯科医師として、経営者として、作家として、数多くの仕事に携わっていますが、どの仕事においても生産性が高いのは、手放しているからです。

「いのうえ歯科医院」の副院長をはじめとするスタッフたちが、こころよく協力してくれる。

編集者、出版プロデューサーといった出版のプロたちが、献身的に支えてくれる。多くの人の助力が相乗効果を生み出して、何倍、何十倍もの成果につながっています。

私の場合、仕事の絶対量が増えてきたら、仕事を3つに分類して対処します。

【3つの分類】

①自分でなければできないこと
……本人が継続して行います。

②誰かと一緒にやると成果が上がること
……同僚、部下、外部スタッフと一緒に進めます。

③信頼できるスタッフに任せること
……その道の専門家に、責任を持って引き受けていただきます。

仕事の量が増えてきたら、すべての仕事を自分で抱えたりせず、信頼できるスタッフの力を借りています。

協業（複数の労働者がひとつの生産過程に集って、協力して仕事に携わること）をすれば、自分は「①（自分でなければできないこと）」に特化できるので習熟度が上がり、結果的に質の高い仕事ができるのです。

「自分で仕事をしない」ことも、自分の仕事である

❖人に仕事を任せると、自分も相手も成長する

私は、「仕事をしないのも、仕事のうち」だと考えています。

「仕事をしない」とは、「自分で仕事を抱えない」＝「人に任せる」ことです。

そして、「人に任せる」ことは、「相手を成長させる」ことにつながります。

とくに、指導的な立場にいるリーダーは、「仕事をしない」ことを覚えるべきです。

「自分でやったほうが早い」「自分でやったほうがうまい」という考えを捨てないかぎり、部下の成長は頭打ちです。

また、「仕事をしない」ことは、自分自身の成長にもつながります。

「マネジメントやプロセス管理の手法が身につく」「難易度の高い仕事に取り組む時間がつくれる」からです。


リーダーにとって、「自分でやったほうが早い仕事」は、難易度の低い仕事です。難易度の低い仕事をどれほどこなしても、スキルアップにはつながりません。

❖結果が出ないのは、任せた側に責任がある

任せた相手が結果を出せなかった場合、悪いのは「任された相手」ではなく、「任せた本人」です。

結果が出ないのは、任せた側の「任せ方」に非があったと考えるべきです。

任せる側、任される側、双方に共有すべき3要素があります。

【共有すべき3要素】

①ゴール

どういう仕上がりになるべきか。どこまでの仕上がりを求めているか。

②デッドライン

ゴールに到着するギリギリの締め切りはいつか。

③コスト

ゴールするまでにかかる費用はいくらか。

最低限この3つが共有されていれば、任せる側の想定どおりの結果に近づくはずです。

最高のチームをつくれば、自然と最高の結果が生まれる

❖「人に頼る」ではなく、「人と組む」という意識を持つ

他人の力を借りる場合でも、

「自分の実力ではできないから、人に頼む」

「時間がないから人に頼む」

といった受け身の姿勢では、大きな結果を残すことはできません。

他者と協力関係を築くときは、「頼る」という感覚ではなく、

「組む」

という感覚を持つことです。

協力関係（協業）とは、

「お互いに不足しているものを補い合う関係」

ではありません。

「強みを掛け合わせて、相乗効果を生み出す関係」

のことです。

自分にはできないから相手に任せるのではなく、相手より強い部分を自分が担う（自分よりも強い部分を相手が担う）のが、協力関係の基本です。

したがって、「仕事を終わらせるために人を頼る」という考え方をやめ、「より大きな結果を生み出すために、お互いが能力を発揮し合う」という考え方にシフトすると、「組む人」の質が上がります。

❖「最高のチームをつくること」が上昇の鍵

現在、歯科業界は構造不況業種のひとつに挙げられています。「歯科業界は過当競争が続き、飽和状態となっている」「歯科業界は衰退産業である」という声も聞かれますが、私は、「危機感を持たなければいけないが、悲観的になる必要はない」と考えています。

なぜなら、私たちにできることはまだまだたくさんあるし、工夫の余地、努力の余地も残されているからです。

では、何から取り組めばいいのでしょうか。

最初に取り組むべきは、「最高のチームをつくること」です。

高いレベルの医療を提供するには、チーム力が必要になります。院長の技術が高くても、スタッフの協力がなければ、最高の医療を提供することは不可能です。

業績が悪化したとき、患者数を増やす、自費率を上げる、予防歯科に注力するなど、収益に直結する取り組みからはじめる歯科医院経営者を見かけますが、それだけで収益が改善するのは難しいでしょう。

なぜなら、患者数を増やすのも、自費率を上げるのも、「チーム一丸となって治療に取り組む体制」が整っていなければ実現しないからです。

❖チームメンバーを選ぶ3つの基準

歯科経営においても、出版においても、セミナーにおいても、「最高のチーム」をつくってチームを有機的に機能させることが、大きな成果を上げる条件です。

最高のチームをつくるには「誰と組むか」が重要です。

私は次の3つの条件を踏まえながら、「チームメンバー」を選んでいます。

【チームメンバーの3条件】

①圧倒的な向上心がある

私は、「能力よりも向上心が大切」だと考えています。能力は二の次、三の次です。

たとえば、自分たちがライバルに負けているとき、「自分たちとライバルの差」を客観的に分析して「今のままでは勝てない。もっと努力をして、もっと工夫をして、ライバルに負けないものをつくろう！」と奮起する人材がチームには必要です。

②継続する力がある

結果を出す上で絶対的に必要なのは、「時間と量」です。結果が出るまで「やるべきこと」や「与えられた役割」を愚直にやり続ける熱量を持った人は、頼もしい存在です。

③レスポンスが早い

連絡に対するレスポンスが早い人、積極的に動ける人、スタートダッシュを切れる人を重用します。

レスポンスの早い人は、処理能力の高い人です。また、相手からの指示を待つのではなく、自分から相手に提案できる人は、時間をムダにすることがありません。

ひとつの仕事で複数の価値を生み出す

❖濡れたタオルを絞り切るような発想で仕事をする

仕事の進め方を大別すると、複数の仕事をこなす「マルチタスク」と、ひとつの仕事に集中する「シングルタスク」に分けられます。

どちらがより効率的なのかは識者によって意見が異なりますが、私は次のように考えています。

・シングルタスク

……「いついつまでに、こういう結果がほしい」という期間と目的が明確になっている場合は、一点集中する。

・マルチタスク

……仕事の幅を広げたり、複数の結果を得たいのならマルチタスク。マルチタスクの場合、個々の仕事を独立して見るのではなく、関連づけて見るようにすると、思考の幅、行動の幅を広げることができる。

もっとも生産性が高いのは、シングルタスクでもマルチタスクでもなく、「ひとつの仕事で複数の価値を生み出す」ことです。

たとえば、私が講演をする場合、「会場にお見えになった参加者を満足させる」のはもちろんのこと、講演の内容を「動画コンテンツにする」「音声コンテンツにする」など、「ひとつの講演で複数のコンテンツを生み出す」ことを踏まえて、見せ方を考えます。

「ひとつの仕事＝ひとつの結果」ではなく、「ひとつの仕事＝複数の結果」を目指す。濡れたタオルを絞り切るような発想（もうこれ以上、何もないというところまで成果を搾り取る発想）で仕事をしていくことが大切です。

❖センターピンを倒せ！

元グッド・ウィル・グループの創業者、折口雅博《おりぐちまさひろ》さんは、著書『起業の条件』（経済界）の中で、「センターピン理論」を提唱しています。ビジネスをボーリングにたとえた理論です。

センターピンは、一番前の真ん中にあるピンのことで、「ココだけは絶対に外せないポイント」です。

このピンに当たらなければ、ストライクを取ることはできません。また、1本ずつピンを倒すには時間がかかりますが、センターピンを倒してしまえば、1投で残りの9本を一緒に倒すことも可能です。

ビジネスにもセンターピンがあります。

飲食事業のセンターピンは味。メーカーはヒット商品。小売業は品揃え。航空事業は安全。介護事業は居心地の良さ。医療事業は技術。センターピンはビジネスによって違います。

「自分のビジネスのセンターピンは何か」を見定め、倒す。大事なところを一点突破すれば、そのほかの問題・課題が一気に解決することがあるのです。一番成果につながりやすいところを最初にクリアすることで、多くの結果を得ることができます。

がむしゃらに動いているのに結果が出ないのなら、いったん手を止めて、「自分にとってセンターピンは何か」を考え直してみることが大切です。

「3分しかない」ではなく「3分もある」と考える

❖3分という時間をあなどってはいけない

時間は平等で、1日は誰にとっても24時間です。

しかし、時間の使い方は平等ではありません。同じ24時間を与えられていても、能力やスキル、成果や環境において大きな差が生まれます。

成果を上げている人は、まるで1日が30時間あるかのように、濃密な時間の使い方をしています。

【1日を30時間にする人の特徴】

・優先順位をつけて、優先度の高いものから集中して取り組む。
・やること、やらないことが明確になっている（やらないことを決めている）。
・オンとオフのメリハリが利いていて、リラックスする時間も確保している。
・時間の使い方に必ず「価値」「意味」がある（意味づけできない時間を持たない）。
・スキマ時間を効率的に活用している。

なかでも、スキマ時間の活用は、仕事の成果に大きな影響を与えます。

まとまった時間をつくるのは無理でも、5分、10分……なら時間をつくることは可能です。「たかが3分」と思いがちですが、3分間を1日、1週間、1ヵ月……と積み上げていけば、大きな時間を確保できます。

【3分を有効に使う方法】

・「3分間だけ集中法」を使う

3分でできることはたくさんあります。「あと3分しかないからやらない」と考えるのではなく、「まだ3分あるからやる」と考えると、時間の密度が濃くなります。

同時並行で進めなければならない仕事が重なってしまったときは、「3分単位」で作業をすると高い集中力を維持できます。

電話、メールの送受信（確認）、スケジュール調整、資料の印刷、プロジェクトの進捗確認などは、「ひとつの作業について3分」と時間を決めて、短い時間の中で集中したほうが効率的です。

・あらかじめスキマ時間に「何をするか」を決めておく

電車の待ち時間や乗車時間、アポイントとアポイントの間、人を待っている時間など、「スキマ時間」を有効活用するには、事前に「スキマ時間に何をするのか」を決めておくとよいでしょう。

時間が空いたときに「何をやろうか」を考えていたら、それだけで時間が過ぎてしまいます。

スキマ時間に中身のある仕事をするには、

「メールをチェックする」

「資料に目を通す」

「本を読む」

など、時間の長さに応じて、すべき仕事を決めておくことが大切です。

時間管理の究極の目標は、「自分の時間に相手を合わせさせる」こと

❖自分で時間をコントロールするには、どうしたらいいか？

限られた時間の中で結果を出すためには、自分の時間を自分でコントロールする必要があります。

そのためには、次の3つを意識して仕事に取り組むべきです。

①「やらされている」という意識から、「役立っている」という意識に変える

仕事をたくさん振られたときは、「やらされている」と義務感でとらえるのではな

く、

「仕事の数だけ、たくさんの人の役に立っている」
「たくさんの依頼に応えている」

と能動的に考えることが大切です。

時間を能動的に使いはじめると、自分で時間をコントロールしている感覚を持てるようになります。

他人からの一方的な指示で自分の時間の過ごし方を決められてしまうと、ストレスが溜まります。

だとすれば、仮に一方的に仕事を振られたとしても、その仕事に「価値」を見出し、「理想の自分になるためのプロセスである」と解釈できれば、「やらされ感」は軽減するはずです。

② 自分の時間が奪われる原因をはっきりさせる

仮に、自分勝手な電話ばかりかけてくるクライアントがいるのであれば、電話応対のスキルを磨く。

クレーム対応に時間を取られるのなら、正しい対処法を身につける。

ムダな会議（自分が意思決定に加われない会議、上司の発言を聞くだけの会議、時間ばかり長くて何も決まらない会議など）には極力出席しないなど、「時間を奪われる原因」を突き詰め、対策を講じることが重要です。

生産性を上げるには、定期的にＰＤＣＡサイクルを回して、自分を評価して、行動を改善することが大切です。

③時間をコントロールできる立場になる

時間コントロールの究極の理想は、時間の主導権を自分が握る（相手に渡さない）ことです。つまり、自分が相手に合わせるのではなく、相手が自分に合わせてくれる関係をつくることです。

「○月×日に仕事をお願いしたいのですが、空いていますか？」と期日の決められた仕事を受けるのではなく、「こういうお仕事をお願いしたいので、ご都合のいい日を教えていただけますか？」と、こちらの都合を優先してもらえるようになれば、時間の主導権を握ることができます。

日清食品株式会社の創業者、故・安藤百福《あんどうももふく》は「余人をもって代えがたい人になりなさい」という言葉を残しています。

「余人をもって代えがたい人」（ほかの人に代わりにやらせることができない人）になれば、主導権を握ることができる。自分の都合にまわりが合わせてくれるようになります。

そのためには、常に研鑽を続け、常に成長を続け、圧倒的な結果を残すこと。相手からの信頼を得ること。唯一無二の存在になることです。

相手が自分に合わせてくれるようになったら、一流の証です。

❖イレギュラーな仕事を頼まれたときの対処法

仮に「今日中にこれをやってほしい」とイレギュラーな仕事を頼まれた場合、私なら、

「今日中にその仕事をやらなければいけないのか。すでに決まっている予定をズラしてまで、その仕事を『今日』やる価値はあるのか」

を考えて、

・「価値がある」場合……時間を調整して、引き受ける。
・「価値がない」場合……先送りにする（別の日にしてもらう）。

ようにします。

私の経験上、イレギュラーの仕事の多くは、「今日中に対応しなければ手遅れになる」ようなものではなく、緊急度はそれほど高くありません。先送りが可能です。

ですが、イレギュラーな仕事の中にも、緊急性の高い仕事や価値の高い仕事もありますから、イレギュラーな仕事を組み込めるように、「時間的なゆとりを持たせた時間管理」を心がけています（本を読む時間を減らして、作業に充てるなど）。

また、急を要する打ち合わせであれば、「対面」ではなく、「Zoom（ズーム）」や「Skype（スカイプ）」などの会議ソフトを使ってオンラインミーティングをする。

その日中に仕事を完遂できないのであれば、少しだけでも進めておいて、次回につなげる。

アウトソーシングできる案件であれば、外部の力を借りる……など、臨機応変に対応しています。

「基本的にイレギュラーの仕事は受けない。緊急性、重要性が高い場合は、できる範囲で最大限の努力をする」

これが私のスタンスです。

どうしてもうまくいかないときは、「損切り」の発想を持つ

❖ムダな努力には見切りをつけることも必要

ある方法で結果が出ないときは、ＰＤＣＡサイクルを回して、

「うまくいかなかった原因はどこにあるのか」

「同じ失敗を繰り返さないためには、どうすればいいいか」

を考え、改善に着手します。


では、ＰＤＣＡサイクルを回し続けても結果が出ない場合、どうするか。

たとえば、「100万円の売上を見込める新商品」の企画を立てたとします。ところがその企画がうまくいかなかった場合、打つ手は、2つあります。

①まったく違うアプローチを考える

今までの延長線上で企画を練り直すのではなく、「まったく別のやり方」「まったく別の考え方」「まったく別の方向」からその企画を実現する方法を考えます。

②まったく違う企画を考える

結果が出ない行動をいつまでも続けるのは、時間の浪費です。実現の可能性が低いのであれば、潔くその企画を捨てて、別の企画を考えます。

ファイナンスや経済学では、「サンクコスト」という概念が使われています。

・サンクコスト

……すでに支出され、どのような意思決定をしても回収できない費用のこと。

それまでに費やした労力、お金、時間などを惜しんで、それが今後の意思決定に影響を与えることを、サンクコスト効果といいます。

人は、自分が今まで払ったコストを棒に振ることができない傾向にあります。時間や費用をかけた出来事を、「せっかくだから」「もったいないから」といつまでもやめられないのは、サンクコストによるものです。

たとえば、値上がりを期待して買った株が値下がりしても損切りができないのは、サンクコストが判断を鈍らせているからです。

行列ができている飲食店に並んだとき、並んですぐであれば「ほかの店に変えよう」と変更するのは簡単です。

しかし、長時間並んだあとでは、「投資した時間をムダにしたくない」という思いから、「もう少し並んでみよう」という判断をしがちです。

人間は、もう戻ってこないコストを気にするあまり、合理的な判断ができなくなります。ですが、労働生産性を上げるには、過去のサンクコストを排除して、「未来」にフォーカスすべきです。

うまくいかない場合はこれまでの手法を捨てて違うアプローチを試す。それでも結果が出ないなら、「100万円の売上を見込める新商品」という企画から離れて、まったく新しい企画を考えたほうが結果につながります。

良い人材、良いスタッフが集まらなければ、生産性は上がらない

❖人材が集まらないのは、経営者に魅力がないから

多くの歯科医院で、人材不足が深刻になっています。帝国データバンクの調査によると、2018年度の医療機関の倒産は40件で、2010年以来8年ぶりに40件を超えました。しかも、「歯科医院」の倒産が23件と、全体の57・5%を占めています。

倒産が急増しているのは、

「人の集まりやすい地域で開業が相次ぎ、競合が激化している」

「人口減少など、歯科医院の顧客獲得が次第に難しくなっている」

といった要因のほかに、

「人手不足倒産」

が挙げられます。

歯科衛生士や医療事務資格者の確保が、困難な状況になっています。人手不足を放置すると、生産性が落ちて、行き着くところは倒産です。


歯科医院をはじめ、中小企業の人手不足を解消する方法は、2つあります。

【人材不足を解消する方法】
①新しい人材を採用する
②既存の人材の離職を防止する

①新しい人材を採用する

「いのうえ歯科医院」も、かつては人手不足、人材難に苦しんだことがあります。

当時の私は「人が集まらないのは、環境のせいだ。帯広という地方都市にいる以上、人は集まらない」と決めつけ、根本的な問題が「私自身の考え方」にあることに気づいていなかったのです。

「いのうえ歯科医院」に人が集まらなかった本当の理由は、「井上裕之」という人間に魅力と能力がなかったからです。そのことに気がつき、自己成長に邁進した結果、優秀なスタッフを集めることができました。

人材を採用したいなら、経営者（上司やリーダー）が魅力的になるのが近道です。

②既存の人材の離職を防止する

転職サイト『リクナビＮＥＸＴ』が転職経験者１００人を対象に退職理由の「本音」を調査したところ、次のようなランキング結果になりました（参照：『リクナビＮＥＸＴ』「転職理由と退職理由の本音ランキングＢｅｓｔ10」）

１位：上司・経営者の仕事の仕方が気に入らなかった（23％）
２位：労働時間・環境が不満だった（14％）

3位：同僚・先輩・後輩とうまくいかなかった（13％）
4位：給与が低かった（12％）
5位：仕事内容がおもしろくなかった（9％）
6位：社長がワンマンだった（7％）

この調査結果が示しているのは、

「労働条件よりも、人間関係の不満で仕事を辞める人が多い」

「とくに、上司や経営者など、自分より地位の高い人との人間関係に不満がある」

ということです。


では、どうすれば「人間関係の不満」による退職を防ぐことができるのでしょうか。

どれほど親しい間柄であっても、自分と相手の考え方、価値観には違いがあります。

したがって、不満や違和感を100％なくすことは不可能です。けれど、なくす努力はすべきです。

人間関係における不満や違和感は、わだかまりになります。わだかまりはやがてストレスを生み、ストレスが許容範囲を超えると爆発し、退職につながります。

ですから、部下の不満や違和感を減らすためには、

「価値観を揃えること」
「上の立場にいるほうがしっかり説明すること」

が大切です。

❖上司と部下、社長と社員の価値観を揃える

離職を防ぐには、社内で「価値教育」を実施して、経営者や上司と、社員の間で価値観（経営理念、会社としてのミッションなど）を共有することが大切です。

「いのうえ歯科医院」では、朝礼を習慣化して、私が「目標を持つことの重要性」などについて説明しています。また、Facebook（フェイスブック）内に非公開グループ

ページをつくり、私の出版や講演内容の抜粋、歯科医療のトピックス、業務報告などを上げています。スタッフの疑問や悩み、問題は、直接相談にのっています。

上下関係おいては、どうしても下の立場にあるほうが、わだかまりを飲み込みがちです。そうならないように、上司は部下に対して「何か疑問はない？」と問い続ける。部下が疑問を感じているようなら、きちんと説明をする必要があります。

企業における競争力の源泉は「人材」です。人材戦略は経営戦略の中心に位置付けられます。

強い組織をつくるには、経営者サイドが魅力的になること。そして、経営者サイドと社員の価値観を揃えることが大切です。

悔しさや屈辱感は、自分を成長させる原動力

❖現状に満足したとたん、気がゆるみはじめる

ワールド・ボクシング・スーパー・シリーズ（ＷＢＳＳ）のバンタム級王者、井上《いのうえ》尚弥《なおや》選手は、「バンタム級史上最強」「日本ボクシング史上最強」とまで言われる選手です。

ＷＢＳＳとは、団体の垣根を越えて、トーナメントで「誰が一番強いか」を決する大会です。

彼を最強にしたのは、勝負に向けてぬかりなく日々を送る心がけと、たゆまぬ努力

と、そして「悔しさ」でした。

井上尚弥選手も、最初から最強だったわけではありません。

高校時代、井上尚弥選手は、国内の大会で2敗、海外で4敗しています。負けたときは相当悔しい思いをしたそうですが、負けたからこそ、

「これまでと同じやり方では通用しない」

ことに気がつきました。

ロンドン五輪出場をかけた最終予選でも、井上尚弥選手は僅差で負け、出場を逃しています。

負けた要因のひとつは、気のゆるみです。

当時を振り返って、

「心のどこかにあった『18歳でオリンピックに挑戦できているだけでも凄いこと』という思いが練習のときの気のゆるみにつながり、当日の試合でも気負いすぎて力んでしまった」

と井上尚弥選手は答えています（参照：転職コンシェルジュ『ワークポート』／井上尚弥選手スペシャルインタビュー）。

❖私が「世界最高レベルの歯科医師」を目指したきっかけ

悔しさや屈辱感は、自分を変える原動力になります。

私が「世界最高レベルの歯科医師」を目指すようになったのも、30代後半で、大きな挫折を味わったからです。

当時、開業したばかりの「いのうえ歯科医院」に、大勢の先輩医師が見学にいらしたことがありました。

治療の様子を見ていただいたあと、とある大御所の先生が発した言葉に、私の頭の中は真っ白になりました。

「井上先生も頑張っているけれど、一流の先生なら、もっといい治療をするよ」

屈辱的でした。

「優秀な歯科医師になろう」と努力を続け、高度な治療技術を身につけ、良い仕事をしているつもりでした。

ところが私の仕事は、「及第点レベル」「ギリギリ合格点レベル」「頑張っていることが目に見えるレベル」でしかなかったのです。

その悔しさが私を変えました。

私は、「優秀な歯科医師を目指しているうちは、一流にはなれない。一流になるには、世界最高レベルを目指さなければならない」と誓ったのです。

その後は必死になって自分を磨き、腕を上げ、臨床データを集め、UCLAの教授陣にも評価され、私は歯科医師としてのステージを上げることができたのです。

あの日の悔しさがなかったら、私はより高い知識や技術を求めることなく、自己満足で終わっていたかもしれません。

❖悔しさは、ネガティブでなくポジティブ

一所懸命頑張っているのに結果が出ないとき、人は「悔しい」と思います。

悔しさとは、自分自身が求めているものを得られないときに生じる気持ちです。努力を惜しまなかったのに、結果を出せない自分自身へのはがゆさでもあります。

一所懸命頑張っていなければ、人は「悔しい」とは思いません。なぜなら、頑張らなければ結果が出ないのは当たり前だからです。

「これほど頑張ったのに結果が出ないなら、もういいや」とあきらめ、投げ出したときも「悔しい」とは思いません。

悔しさは、「結果が出るまであきらめたくはない」という純粋な気持ちのあらわれなのです。

うまくいかないとき、問題が起きたとき、結果が出なかったときは、上手に悔しがる。

そして、「自分に足りないものは何か」「どうすれば今よりもっとできるようになるのか」を分析して、今からやるべきことを検証する。

悔しさを覚えるのは、「自分ならもっとできるはずだ」という自分に対する期待があるからです。

悔しさをネガティブにとらえるのではなく、ポジティブにとらえる。そうすれば悔しさは、自分自身を限りなく前進させるエンジンとなります。

食事も、睡眠も、入浴も「仕事の一部」と考える

❖睡眠不足は集中力の低下を引き起こす

私は、「できることなら、24時間、眠ることなく働き続けたい」と思っていますが、一方で休息の重要性を誰よりも理解しているため、睡眠負債（睡眠不足が積み重なって不調を引き起こす状態）を溜め込まないように心がけています。

就寝時間はとくに定めていないので、「疲れを感じた時間」に、床に就きます（平均すると、深夜12時から1時くらいに就寝）。

起床は、午前6時前後。就寝時間が何時になっても、同じ時間に起きています（休

日も同じ時間に起きています）。カーテンを閉めないので、日の出とともに目が覚めることもあります。

睡眠不足は集中力の低下につながり、ひいては仕事の生産性を落とすことになるので、十分な休養を取ることが大切です。

❖仕事の成果を上げたいなら、しっかり寝て、たっぷり食べる

仕事が忙しくなると、人はつい、「寝る間も惜しんで仕事をする」「お風呂に入らずに、シャワーだけで済ます」「急いで食事を終わらせる」ことがあります。

睡眠も、入浴も、食事も、本来であれば「仕事以上に大切なもの」です。それなのに、忙しいという理由で軽んじてしまうのは問題です。

「仕事をしている」という充足感があるため、短期間であれば疲れを感じることはないかもしれません。しかし、忙しさにかまけて日常生活をおろそかにすると、次第にスタミナ、エネルギー、集中力が枯渇《こかつ》してきて、「頑張れば頑張るほど、成果が出ない」という悪循環に陥ってしまいます。

どれほど仕事が忙しくても、

ゆっくり食事を味わう。
たっぷり睡眠を取る。
ゆっくりお風呂に入る。

1日の疲れを取ることも、仕事の生産性を上げるためには大切です。
食事も、睡眠も、入浴も「仕事の一部」と考える。リラックス&リフレッシュすることは、「怠けること」ではなく、むしろ、生産的な行動だと考えるべきです。

Chapter 4

時間管理は「結果」と「プロセス」で考える

すべての時間を結果に結びつけて考える

❖結果重視か、プロセス重視か

ビジネスでは、常に「結果」が求められます。成果や結果を出せるか否かで、評価は大きく分かれます。

結果重視もプロセス重視も、どちらも大切な考え方ですが、ビジネスの世界では、どれほど頑張っても、結果が出なければ評価外です。

「頑張る」は主観的なので、相対的な人事評価の対象にはなりません。

仕事で評価されるのは、あくまでも「結果を出すこと」です。「いつか結果が出ればいいかな」と願望程度で結果が得られるほど、仕事も世の中も甘くはありません。

・**結果**…………最終的に手に入れたい価値や利益。
・**プロセス**……結果を手に入れるためのやり方、段取り。

私は、「結果」にこだわっています。
結果にフォーカスして「0か100か」で考えています。結果が出なければ、どれほど頑張っても「0点」です。

❖結果を重視すると、必然的にプロセスも重視しはじめる

私が結果にこだわる理由は、次の5つです。

【結果にフォーカスしたほうがいい5つの理由】

①結果にこだわるほうが、行動の質が上がるから

②集中力が増すから
③未来志向になるから
④手を差し伸べてくれる協力者があらわれるから
⑤結果を重視すると、必然的にプロセスを重視することになるから

①結果にこだわるほうが、行動の質が上がるから

どれほど努力をしても、どれほど能力があっても、どれほど頑張っても、結果がともなわないことがあります。

残念ながら「努力＝結果」ではないため、100の努力をしても、100の結果が得られるとはかぎりません。反対に、70の努力しかしていないのに、100の結果が出てしまうことがあります。

出るときもあれば、出ないときもあるのが「結果」です。

だからといって、最初から「出なくてもしかたがない」と考えていると、質の高い行動にはつながりません。

結果を「出そう」と思って一所懸命頑張るから、その行動が実を結ぶのです。

② 集中力が増すから

「いつまでに、こういう結果を出す」と目標（目的）が明確になっていると、「すべきこと」の優先順位と、「しなくていいこと」がはっきりするため、余計なことが気にならなくなります。

③ 未来志向になるから

フロイトやユングとも並び称される心理学の巨人、アルフレッド・アドラーは、「人は未来への『目的』により行動を自分で決めている」と考え、次の言葉を残しています。

「人は過去に縛られているわけではない。
あなたの描く未来があなたを規定しているのだ。
過去の原因は『解説』にはなっても『解決』にはならないだろう」

結果は未来にあります。結果（未来）にフォーカスして行動すると、過去や現在の状況に振り回されなくなるため、前に進む推進力を得ることができます。
（参照：『アルフレッド・アドラー「一瞬で自分が変わる100の言葉」』（小倉広・著／ダイヤモンド社）

④手を差し伸べてくれる協力者があらわれるから

結果に向かって邁進している姿は、まわりの人の心を動かします。

2014年11月29日に、沖縄コンベンションセンターで講演会を開催したことがありました。沖縄にいる友人に「今度沖縄で、1000名規模の講演会に登壇することになった」と伝えると、彼は驚きながらこう言いました。
「沖縄で1000名集めるのは、大変だと思うよ。東京でいうと、武道館をいっぱいにするのと同じくらい難しい。それに11月29日は沖縄知事選の日と重なっているから、条件が悪すぎる。人が集まらないかもしれないよ」

結果的に講演会は、大成功でした。講演会を企画してくださった方々をはじめ、多くの協力者が集客に手を貸してくださったからです。

私が、「1000名の講演会を成功させる」という結果にフォーカスした結果、周囲の人たちも結果を達成するように動きはじめたのです。

⑤結果を重視すると、必然的にプロセスを重視することになるから

結果重視とは、「プロセスは無視していい」ということではありません。

「どういう結果がほしいのか」

「いつまでに結果がほしいのか」

というゴールが明確になっているからこそ、

「どうやってそれを実現するのか」

「誰と協力してそれを実現するのか」

というプロセスが決まります。

結果を重視することは、その結果を成し得るためのプロセスを重視することでもあるのです。

早くて正確な仕事をするには、プロセスを管理する

❖真のプロフェッショナルとは、どのような人物か？

手術は、「絶対に」失敗があってはなりません。私は、やり直しが認められない厳しい環境で仕事をしています。どれほど難易度の高い手術でも、１００％の結果を求められています。私が失敗しないのは、「結果を出す（手術を成功させる）」ことを前提に、プロセスを管理しているからです。

プロセスとは、無数の工程の連なりです。

そして、工程のひとつひとつに順番と役割が決まっています。

プロセス管理とは、工程を管理して、最短距離で最高の結果を目指すことです。

手術は「成功しか許されない」ので、スタートから終わりまでのプロセスが明確でなければなりません。

「想定しうるすべての可能性を考え抜いて、あらゆるリスクに対応する人」、そして「成し遂げるべき目的のために、あらゆる手段を尽くせる人」のことを「プロフェッショナル」と呼びます。

完璧にプロセスを管理できなければ、プロフェッショナルにはなれません。


【ゴールから逆算してプロセスを考える】

・ゴールを明確にする。
↓
・ゴールから逆算して、最短ルートを考える。
↓
・ルート上にどのような障害物があるかわからないので、すべてのリスクに備える。
↓

・完璧な準備をする。

↓

・プロセス（手順）をひとつずつ、確実に、自動的にこなしていく（すべてのリスクに備えているので、突発的な事態に見舞われても判断ミスはない）。

↓

・ゴールに到着する（最高の結果を得る）。

理想は、高いほうがいい。「これまで以上の努力をしなければ、達成できないレベル」に設定します。今の自分のレベルでも達成できる理想は、低すぎます。

ゴールを設定したら、「いつまでに、どのように、どれくらい努力すればいいのか」を逆算して考えていきます。

これまでの延長線上で考えていては、ゴールには到達できません。したがって、制限なしに思考の枠組みを広げて、自由に考えていきます。

プロセスが決まったら、あとはそれをひとつひとつ着実に実行していくだけです。

❖プロセスを「フローチャート化」すると、成功率が上がる

私はかつて、2日で23名の患者様にインプラント治療を行ったことがあります。口内のデリケートな部分を扱うため、簡単な手術はひとつもありませんでした。

多くの歯科医師が、「1日2名、せいぜい3名」までしかインプラントの手術をしないのは、過度な緊張を強いられると同時に、高い集中力を求められるからです。

私が「2日で23名」の手術をわずかなミスもなく完遂できたのは、手術の手順をフローチャート化し、あらゆる事態に備えたからです。

「この状況が起きたら、こういう処置をする」

「次にこうなったら、この対処法で切り抜ける」

起こりうるすべての状況を想定し、リスクを洗い出し、解決策を用意しておく。そうすれば判断に迷うことも、緊張することも、集中力が途切れることもありません。

仕事に取り組む前に、「想定される状況、リスク、その場合の対応策」を書き出しておく。それだけでも仕事の成功率は格段に上がります。

プロセスは緻密に、簡素化してつくる

❖「プロセスを守れば、必ずゴールに結びつく」という確信を持つ

プロセスを明確にしたら、「プロセス通りに進めば、必ずゴールに結びつく」と確信を持つことが重要です。

たとえば、ダイエットをはじめるにあたって、「3ヵ月で体重を8kg落とし、体脂肪率を12%にする」ことが目標だとします。この目標を達成するためのプロセス（1日の摂取カロリーや消費カロリーを計算し、どのように運動し、どのように食事をする

のか）を明確にしたら、あとはデータで管理をしながら、ひとつひとつ実行していくだけです。

プロセスが明確になっていれば、「チートデイ」（脂肪が落ちにくくなる停滞期）が訪れても、焦ることはありません。

プロセスが曖昧だと、人は「このまま続けてもいいのか」「どうしてこれをやらなければならないのか」と不安を抱きます。

ですが、私の場合、「プロセス通りに進めば、必ずゴールに結びつく」という確信を得ているので、途中で停滞しても焦ることなく、行動し続けることができます。

❖プロセスを組み立てる2つのポイント

プロセスを組み立てるポイントは、次の2つです。

① プロセスを緻密にする
② プロセスを簡素化する

①プロセスを緻密にする

ゴールに早く着きたいあまり、「ひとつくらい工程を飛ばしてもかまわない」と油断すると、早く着くことはできても、質が低下して望む結果は得られません。

プロセスは緻密に、細分化して組み立てる。そして、ひとつも省くことなく、間を飛ばすことなく、手順を守ることが大切です（緻密な行動をするために必要なのは、専門的な学習、もしくはその結果を出している人から情報収集すること）。

やるべきことがたくさんあったとしても、できることは一度にひとつだけです。効率やスピードを考えて、２つ３つ同時進行したり、「ひとつ飛ばし」で行うことはありません。

行動はひとつひとつ、緻密に積み上げていくことが肝要です。

②プロセスを簡素化する

「簡素化する」とは、「間を省く」「工程数を減らす」という意味ではありません。

誰がやっても最高の結果が得られるように、プロセスを見直すことです。

結果を得るために「A、B、C、D、E」の5つのプロセスが必要だとします。

「A→B→C→D→E」

の順番で試してみた結果、思ったほどの成果が得られなければ、順番を変えてみる。

仮説と検証を繰り返して（PDCAサイクルを回して）、

「C→D→E→A→B」

の順番で進めたほうが生産性は上がることがわかったら、「C→D→E→A→B」をプロセスにします。


プロセスが簡素化されると、いつ誰がやってもスムーズに動けて、いつ誰がやっても最大限の効果が得られるようになります。

早くて正確な仕事を実現するプロセス管理

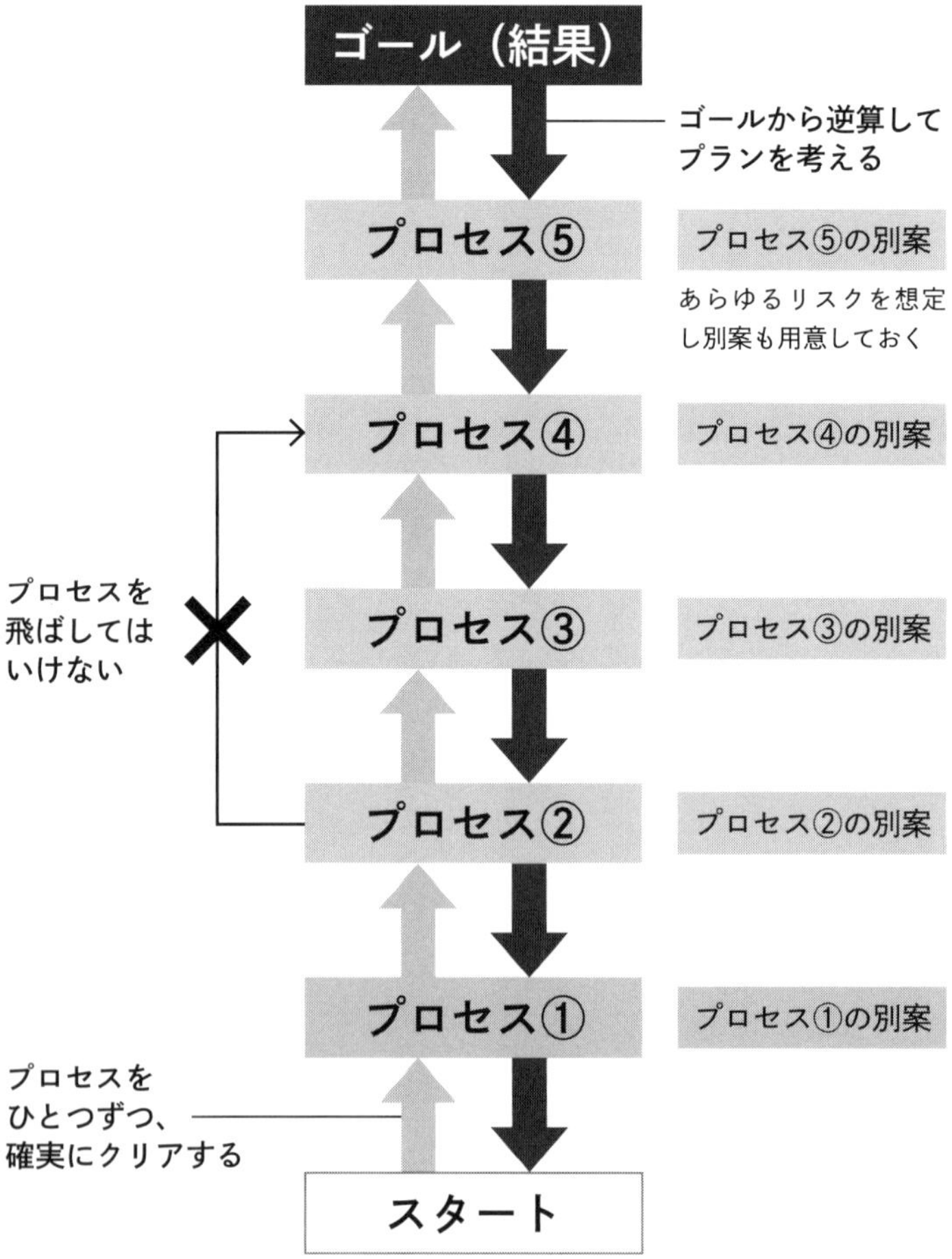

現実の枠の中で思考しても、イノベーションは起こらない

❖理想の自分から逆算する発想を持つ

先日、セミナーの懇親会で、ある男性（Aさんとします）から、「どうして出る杭《くい》は打たれるのですか？」と質問をいただきました。

私はこう答えました。

「それはAさんが、打たれるようなことをしているからではないですか？　才能や手腕が抜きん出ている人でも、打たれていない人はいますよね。たくさんの人の協力を

得ながら、もっともっと杭を伸ばしている人もいます。

Aさんは、『出る杭は打たれる』という前提で物事を考えているのではないでしょうか。打たれたほうがいいのか、打たれないほうがいいのかを考えたら、打たれないほうがいいに決まっています。だとすれば、打たれたことを嘆くのではなく、『打たれない杭になるにはどうすればいいか』という発想を持つことが必要です」

Aさんにかぎらず、多くの人が、「世論の声」や「他人がつくった文化」を重視するあまり、「理想の自分から逆算する」という発想を持っていません。

私は違います。

はじめに「理想の姿は何か」を思い描き、次に「その理想を実現するには、どのようなプロセスを踏めばいいか」を考えます。理想から逆算して考えないかぎり、そして、自分の思考の枠を広げないかぎり、イノベーションは起きません。

今の自分の能力と、今の自分のやり方と、今の時間の使い方から「何ができるか」を考えているうちは、自分を変えることなど不可能です。

「できない」「無理だ」という評価は、「過去」が検証してきた「無理」であって、「未来」には当てはまらないものです。

「今までは無理だった」からといって、これからも無理だと考えるのは、合理的ではありません。

現実を変えるのは、思考の力です。

無理だと思っている以上は、何の進展も進化もありません。

❖残業をしなくてもいい「新しい方法」を生み出す

たとえば、「今日の夜7時から、セミナーに参加する予定」があったとします。ところが、上司から声がかかって、「今日中に、この資料をまとめてもらいたい」と急な仕事を頼まれました。資料をまとめるには、残業をするしかありません。けれど残業をすれば、セミナーには出席できなくなります。

このとき、考えられる選択肢は3つあります。

①セミナーをあきらめて、残業をする。
②「どうしても今日中にやらなければいけないのか」を再確認し、明日でも可能であれば、明日の朝に持ち越す。
③残業をしなくても仕事を終わらせる方法を考える。

私なら「③」を選択します。

資料をまとめるのに3時間かかるとしたら「2時間で終わらせる方法はないか」を検討します。

自分の力量を超える仕事を任されたとき、今までと同じ仕事のやり方、今までと同じ考え方では、生産性を上げることはできません。「夜7時からのセミナーに間に合わせるためにはどうしたらいいか」を必死に考えて工夫をするからこそ、イノベーションが起きるのです。

時間のPDCAサイクルを回すと、ムダなく仕事ができる

❖仮説を立てて検証し、自分の時間の使い方の傾向を分析する

「時間のPDCAサイクル」を回すと、自分に合ったスタイルで、ムダなく仕事ができるようになります。

【時間のPDCAサイクル】

(P)

前日の夜、あるいは当日の朝に、「明日(今日)やること」の重要度と「やり方」を

考える。どの順番で、どのようにやればもっとも結果が得られるか、仮説を立てる。

仕事の重要度と「仕事の順番」は、必ずしもイコールではありません。

「重要な仕事を最初にやる」のが正解とはかぎりません。人にはそれぞれ「タイプ」があって、実力を発揮するまでの時間が違います。

スタートダッシュ派であれば、最初から全力を出すことができるので、優先度の高い仕事を最初に持ってきたほうがいい。

反対にスロースターター派であれば、徐々に調子を上げていくので、重要な仕事は後半に回したほうがいい。

ただし、「スタートダッシュ派は、後半にスタミナ切れ起こす」「スロースターター派は、すべての仕事が終わらない」というリスクがあるため、どの順番で仕事をすればもっとも実力を発揮できるか、仮説を立てて、検証します。

今日やる仕事が5つあるとしたら、どの仕事も「早く、正確に」遂行するのが基本ですが、自分のタイプに合った進め方をしたほうが、「早く、正確に」仕事ができます。

自分のタイプをしっかり見極めることができると、やるべきことの順番がすっきりと決まります。

↓

（D）

やることが5つあり、「ABCDE」の順番でやると決めたら、その順番にしたがって仕事を進める。

↓

（C）

1日の終わりに、

「予定どおり、すべての仕事を終えることができたか」

「時間オーバーや時間のロスはなかったか」

「質の高い仕事はできたか」

を振り返る。


「こうすれば、もっと時間が短縮できる」

「こうすれば、同じ時間でもさらに質の高い仕事ができる」

「順番を変えたほうが、集中できる」

という改善策が見つかったら、翌日以降の仕事に反映します。

↓

(A) 改善策にしたがって時間の使い方を変えてみる。

時間のPDCAサイクルを意識した仕事をすると、「行き当たりばったり」の仕事をすることがなくなります。

毎日(最低でも週に1回)、時間のPDCAサイクルを回して「あの行動は正しかったか」「もっとできることはなかったか」「どのようにすれば、もっとうまくできただろうか」と時間の使い方を検証すると、軌道修正しやすくなります。

Chapter 5

すべての時間は「自己成長」のためにある

「今できることをやります」は、NGワード

❖自分の基準ではなく、一流の基準で判断する

「井上先生は歯科医師としても、コーチとしても、世界の一流にしか興味がないですよね」と言われたことがあります。

「一流の歯科医師、一流の作家、一流のコーチになる」ことが私のミッションです。

「一番になる」「一流になる」と自分に言い聞かせ、本気でそれを目指しています。

「2番手、3番手でもいい」と考えたとたん、自分の可能性にリミッターをかけることになる。だから私は、常に一流を見ています。

だとすれば、あえて二流を見る必要はありません。一流しか見たことがなければ、自分の基準も一流にしかならないからです。

一流に近づきたいなら、次の2つを意識した上で、自分の行動を律する必要があります。

【一流に近づくための行動指針】

①常に一流の人々を観察し、彼らの思考を取り入れる
②「一流の人」に引き上げてもらうための努力をする

①常に一流の人々を観察し、彼らの思考を取り入れる

今日と同じ考え方、今日と同じやり方を続けるかぎり、明日の自分は今日の自分と大差ありません。

自分をアップデートしたければ、自分のフィールド、自分の過去、自分の現状から離れて、今までとは違う世界（＝一流の世界）に目を向ける必要があります。

「一流の人は、どのように時間を使っているのか」
「一流の人は、どのようにお金を使っているのか」
「一流の人は、どのような人間関係を構築しているのか」
「一流の人は、どのような学習習慣を持っているのか」
「一流の人は、どのような本を読んでいるのか」
「一流の人は、どのような言葉遣いをしているのか」

自分の基準値を引き上げてくれる「基準値の高い人」＝「一流の人」に会い、つぶさに観察して、彼らの思考性、指向性、嗜好性を取り入れる。

一流に近づきたいのなら、自分にとって「普通」「当たり前」「標準」のレベルを上げることが必要です。

②「一流の人」に引き上げてもらうための努力をする

一流のステージに上がりたければ、一流の人の力を借りて、「引き上げてもらうこと」も不可欠です。では、どうすれば一流の人の目に止まるのでしょうか。

一流の人を味方につけるポイントは、2つあります。

ひとつは、「自分のことばかり考えず、相手のために行動をする」こと。

もうひとつは、「一流の人を感動させるほど、圧倒的に努力する」ことです。

たとえば、私が誰かを引き上げるとするならば、次のように考える人を引き上げます。


「井上先生は、今のポジションにたどり着くまでに、どれほどの努力をしたのだろうか。きっと、はかりしれない努力をしてきたはずだ。だとすれば自分も、井上先生を超える努力をしよう」


私がどれだけの努力をしてきたのかを想像し、それを上回る努力を決意する。その努力は、感動に値します。自分にできることをできる範囲で頑張っても、あるいは、今できることを精一杯頑張っても、人の心を動かすことはできません。

自分にできる努力をするのではなく、圧倒的な努力をする。

努力の基準値を「一流」に合わせることが、一流を味方につける秘訣です。

「自分を成長させてくれる人」以外は、付き合わなくていい

❖良い人間関係が私たちの幸福を高める

「ハーバード成人発達研究」は、75年以上にわたり、2つのグループ（1939〜2014年にボストンで育った貧しい男性456人と、1939〜1944年にハーバード大学を卒業した男性268人）における心と体の健康を追跡してきました。

その結果、ハーバード成人発達研究は、

「良い人間関係が私たちの幸福と健康を高める」

「大切なのは友人の数ではなく、身近にいる人たちとの人間関係の質である」

という結論に達しています。

私も「人間関係の質」を意識していて、

「人間関係は、もっと割り切っていい」

「割り切ったほうが、質が上がる」

と考えています。

「割り切る」というと、薄情だったり、ドライな印象を受けるかもしれませんが、「損得だけで付き合えばいい」「義理人情は持たなくていい」「人を傷つけてもいい」と言いたいわけではありません。

「人間関係を割り切る」とは、

- **「自分にとって価値のある人と付き合う」**
- **「自分の夢を実現するために必要な人と付き合う」**

という意味です。

私はセミナーや講演会などでたくさんの方々と出会うため、まわりからは、「井上先生は顔が広い」と思われています。

たしかに、「面識のある方」は大勢います。ですが、交友関係は「狭い」。なぜなら、「割り切っている」からです。

❖なれ合いの飲み会は時間の浪費

私は、不要な飲み会には顔を出しませんし、業界団体との付き合いも最低限に抑えています（お世話になった方が主催する会にご挨拶に行ったり、ビジネスパートナーとの懇親を深めるために食事をすることはあります）。

付き合いが悪いと思われても、まったく気になりません。なぜなら、「飲み会は、私にとって『価値のない時間』だから」「特定の人に好かれようが嫌われようが、結果に影響を与えないのであれば、気にしなくていいから」です。

なれ合いの飲み会に参加しても、時間を浪費するだけです。その時間を自己研鑽に使ったほうが、ゴール（目的）に早く近づくことができます。

「学びの時間」「自分磨きの時間」「自己研鑽の時間」が飲み会でつぶれてしまうのは、なんとももったいないことです。

❖「価値のある人」とだけ付き合う

「価値のある人」と付き合うのが、私のスタンスです。
私にとって「価値のある人」とは、次の人たちです。

◉一緒にいると、自分の成長を実感できる人

「自分の成長を実感できる人」とは、言い換えると「自分にないものを持っている人」のことです。

- 「誰よりも自分に厳しく生きている人」
- 「誰よりも熱く物事に取り組んでいる人」
- 「誰よりも行動力がある人」

と一緒にいると、私も感化されて目標達成のエネルギーが満たされるのを感じます。

私は「成長」というキーワードに当てはまらない時間を過ごしたくありません。

●自分が究《きわ》めたい道でトップレベルの地位にある人

現在の自分の能力ではどれほど頑張ったところで、「いつもと同じレベル」の結果しか残すことはできません。今の自分よりも高いレベルの結果を得るには、先駆者（トップレベルの人）を「師」として、彼らから一流の知見を学ぶことが必要です。

●自分がほしいものをすでに持っている人

私の場合、「ほしいものを得るプロセス」と「それを得た自分」を鮮やかにイメージできないと、行動できません。「何をすればいいのか」の予測が立たないからです。

人は、具体的にイメージできるものに対しては行動に移せます。ところが、自分自身の経験が不足していると、「ほしいもの」の姿を明確にイメージすることができません。

ほしいものを明確にイメージするには、すでにそれを持っている人がいる環境に身を置くのが一番です。すでに持っている人と接する回数が多いほど、「自分もそれを手にして当然」だと思えるようになります。

●明るく、元気で、ポジティブな人

ネガティブな人、元気がない人、暗い人と一緒にいると、私の潜在意識の中に、負のエネルギーやマイナスの思考が刷り込まれてしまいます。不安を抱えている人たちと一緒にいると、不安が伝染します。マイナスの思考は目標達成の妨げになるため、明るく、元気で、ポジティブな人を選んで付き合うようにしています。

「本当に元気な人」は、自分自身が笑顔で、明るく、楽しく前向きでいるのはもちろんのこと、まわりにいる人たちまで笑顔にして、明るく楽しく前向きにさせてくれます。

●エネルギーの質が高い人

成長意欲が高い人、「何がなんでも目標を達成しよう」という強い意志を持っている人、努力を重ねている人はエネルギーの質が高いので、付き合う価値があります。

読書の時間がムダに終わる人の2つの理由

❖「自分だったらどうするか」を考える

目的もなく飲み会に顔を出すのは、時間のムダです。それならビジネス書を1冊読んだほうが、時間の価値を高めることができます。

ですが本を読んでも、インプットした知識を血肉にできなければ（知識を自分のものにできなければ）、その時間はムダになってしまいます。

仮に、「ビジネス書を読んでも、本の内容を仕事に活かすことができない」「本の内容をすぐに忘れてしまい、成長を実感できない」としたら、その原因は、おもに2つあります。

【読書がムダになる2つの原因】

①本の内容を「自分の言葉」に置き換えていない

②本の内容を鵜呑みにしている

①本の内容を「自分の言葉」に置き換えていない

SNSやブログを使って、読んだ本の感想をアウトプットすると、知識が記憶に定着しやすくなります。

ですが、本に書かれてある文章をそのまま引用するだけでは、記憶に残りにくい。

読書で大切なのは、「自分なりの答えを出す」ことです。

「本に書かれた内容を自分の生活（仕事）に落とし込むにはどうしたらいいのか」まで思考を進めることが大切です。

本の内容をヒントにして、自分の頭で考えて、

「では、自分はどうすべきか」

「どうすれば、自分を成長させることができるか」

「どうすれば、仕事の生産性を上げることができるか」

を自分の言葉で情報発信することが重要です。

②本の内容を鵜呑みにしている

本の内容がすべて正しければよいのですが、なかには判断に迷うものや、疑ってしまいたくなる情報もあります。少しでも疑問に感じたら、引用された文献や参考文献、原典にあたって情報を精査する。その手間を惜しまないことです。本に書かれてあることを真に受け過ぎないことです。

読んだだけでは、他人のやり方や考え方を「知った」にすぎません。疑う目を持たないで人の考えばかり鵜呑みにしていると、「思考力」が失われてしまいます。

「借金」をせずに成功することなどありえない

❖ 夢の実現は「借金」から

一般的に、「日本人は借金嫌い」だと言われています。ですが私は、「借金＝悪」だとは考えていません。たしかに、遊ぶ金ほしさの享楽的な借金は、悪です。ですが、自分を高める借金は、善です。

借金には、良い借金と悪い借金があります。

・良い借金

……自分を成長させるために必要な借金、事業の拡大や発展のために必要な借金。

・悪い借金

……自分や事業の成長になんら寄与しない借金、享楽にふけるための借金。

計画的に資産を増やすことができるのなら、あるいは、長期的に自分を成長させることができるのなら、「借金は大いにしたほうがいい」というのが私の考えです。

「借金もせずに成功することはありえない」

「夢の実現は借金から」

といっても言い過ぎではありません。

私が借金をすすめる理由は、次の4つです。

【借金をしたほうがいい4つの理由】

① 借金をすると「覚悟」が決まる

② ムダな時間、ムダな仕事がなくなる

③ 社会的な信用になる

④ きちんと返済をすれば、もっと大きな融資を受けられる

① 借金をすると「覚悟」が決まる

「借金を返済できなければ、倒産してしまう（自己破産してしまう）」という危機感を持つと同時に、「借金を返済するのは苦しいが、その苦しみを乗り越えることで人間的な成長が望める」と自分の可能性を信じることで、仕事に対する本気度が増します。

歯科医院は、設備投資が欠かせないほか、材料費、人件費、テナント代、光熱費、機器のメンテナンス費など、想像以上にコストがかかります。したがって、多くの歯科医師が借金をしています。

借金を返済するには、売上を上げなければなりません。ですが、保険診療だけでは収入に限界がある。患者ひとり当たりの単価が低い保険診療だけでコストを補うには、患者数を増やすしかないため、余裕のない経営を余儀なくされます。すると当然、歯科医師もスタッフも疲弊します。

歯科医院を高収益体質に変えるひとつの方法が、「保険外診療」です。

保険が適用されないため患者様の負担は大きくなりますが、現状の保険制度において患者様のことを考えれば、保険外診療が最適な選択になります（通院回数を減らせる、クオリティの高い治療が受けられる、治療後に虫歯が再発するリスクも低く、結果的にお金も費用も節約できる、などの理由から）。

保険外診療は、借金を抱える歯科医院にとっても、患者様にとっても、Ｗｉｎ－Ｗｉｎの選択です。しかし、多くの歯科医院が保険外診療にシフトすることができません。

なぜなら、「金儲け主義と思われたくない」からです。

私は、「患者様のことを考えるなら、保険外診療を行うべきだ。そのためには、お金を工面してでも、設備投資と技術向上に励まなければならない」という思いを強く持っていました。借金は自分のためであり、引いては患者様のためでもあります。北海道・帯広にある「いのうえ歯科医院」に東京や海外からも多くの患者様がお見えになるのは、私の考えが間違っていなかった証拠です。

②ムダな時間、ムダな仕事がなくなる

借金を返済するには、売上を上げなければなりません。売上を上げるには、世界最高レベルの技術を身につけなければなりません。技術がなければ、クオリティの高い治療（保険外診療など）を施すことはできないからです。

私は、「借金の返済は、自分の成長と比例している」（自分が成長すればするほど、早く借金を返済できる）ことを実感できたので、「借金を返すために必要なこと」「自分を成長させること」以外、すべて捨てることができました。

「必死に働かなければ借金を返せない」という思いは、時間のムダとロスをなくします。

③社会的な信用になる

融資を受けることができるのは、事業のビジョン、将来性、経営者の人間性が評価されているからです。

「融資の額が多ければ多いほど、高い評価を得ている」と考えることができます。

④きちんと返済をすれば、もっと大きな融資を受けられる

銀行は融資をする際に、その人の借入実績と返済実績を見ます。きちんと期日を守って返済をしていれば、次の融資が受けやすくなります。

「やらないこと」を決めて、「やりたいこと」に集中する

❖ 24時間「そのことだけ」を考える

結果を出すことが先決だとしたら、「本当に大切なこと」「本当に価値のあること」だけに集中すべきです。

釣り人たちの間で「王様」や「ジム（JIM）」と呼ばれるプロアングラー（プロの釣り師）、村田基《むらたはじめ》さんは、ルアーフィッシング界の先駆者的存在です。

村田さんは、「釣りがうまくなりたいのなら、ブラックバスを100匹釣りなさい。

釣らないと、その魚のことがわからない」とおっしゃっていたそうです。

私はこのコメントを次のように解釈しています。

「ブラックバスを釣ることだけを考えろ。余計なことを考えず、余計なことをせず、ブラックバスを釣ることだけに時間を使え」

どの分野でも上達の秘訣は、

「そのことだけを考える」

「そのことだけに時間を使う」

ことです。

もし私がプロアングラーなら、こう言うでしょう。

「釣りがうまくなりたいのなら、ブラックバスを抱いて寝なさい」

私は歯科医師になりたての頃、「歯の模型」を抱いて寝ていた時期があります。

なぜなら1日も早く、1分でも早く、誰よりも早く、歯と歯周組織の構造を熟知したかったからです。

頭の中で自由自在に口腔内をイメージできるまで……、眠りに落ちる直前まで……、歯の模型を眺め続けていました。

「口の中を歩くことができたら、歯はどのように見えるのだろう?」

「口の中を歩いているとき、もし歯に噛まれたら、どのような感触を覚えるのだろう?」

「歯と自分を一体化させる」「歯の気持ちになって考える」くらいの意識を持って、24時間、歯のことだけを考えていました。

❖ 時間を増やしたいなら、「やらないこと」を先に決める

「時間が足りない」「もっと時間がほしい」ときに「時間を増やす(時間をつくる)」方法は2つあります。

【使える時間を増やす2つの方法】

①効率化を図る

②「やらなくていいこと」をやめる

①効率化を図る

たとえば、能力や技術の習熟度を高めて、今まで1時間かかっていたことを、50分でやれるようにすると10分の時間をつくることが可能です。

ですが、効率化のデメリットは、即効性が期待できないことです。能力や技術はすぐには向上しないからです。また、「時間を短縮する」ことだけが目的になってしまうと、仕事の質の低下を招きかねません。

②「やらなくていいこと」をやめる

余計な物事を減らしてスケジュールに余裕を持つと、「本当にやるべきこと」「本当にやりたいこと」に多くの時間を割けるようになります。

「①」の効率化よりも簡単な方法が、「②」の「やらなくていいこと」をやめることです。

自分の行動を真摯に見つめ直してみれば、やらなくてもいいことがたくさんあることに気がつきます。

たとえば、目的のないネットサーフィン、ゲーム、飲み会、夜ふかし、テレビ、ゴルフ……。

やらないことを決めると、使える時間が増えます。

「電車移動中にスマートフォンに触らない」と決めておけば、その時間を読書に使うことができます。

「時間が足りない」と思ったら、やめることを先に決めます。実際にやめてみて支障がなければ、それは「やらなくていいこと」です。

その上で効率化も進めていけば、時間を大幅に増やすことが可能です。

❖過去3日間のスケジュールから、「やらないこと」を浮き彫りにする

時間の使い方の振り返りを習慣化すると、「やらなくていいこと」が見つかりやす

くなります。


「直近3日間のスケジュール」を確認して、

「やらなくても結果に影響しなかったこと」

「やってみたけれど結果につながらなかったこと」

「時間をムダにした自覚があること」

を洗い出す。


そして、手はじめに、「やらなくてもよさそう」なことの中で「一番ボリュームを取っていること」をやめてみる。

それだけで「やりたいこと」をする時間をつくることが可能です。

おわりに

❖命とは、人間が持っている時間のことである

聖路加《せいろか》国際病院で名誉院長を務めた故・日野原重明《ひのはらしげあき》先生（享年１０５歳）は、生前、「自殺やいじめの報道に心を痛め、90歳ごろから「10歳の子どもたちに思いを伝えたい」と、各地の小学校で出張授業をはじめました。

それが「いのちの授業」です。

91歳から約２３０回にわたって取り組まれたそうです。

日野原先生は、命について、子どもたちに次のように伝えていました。

「命は見えないし、触れないし、感じられません。昨日も今日も見れないけれど、寝たり、勉強したり、遊んだりするのは、時間を使っているからです。時間を使っていることが、生きている証拠。時間の中に命があります」(要約)
(参照:『子ども応援便り　WEB版』/子どもたちの豊かな育ちと学びを支援する教育関係団体連絡会)

心臓は命ではない。命はたしかにあるけれど、目に見えない。命とは、人間が持っている時間のことである……。

私も、時間と命は等価であると考えています。時間を使うことは、命を使うことです。

人間は、限られた命(=時間)を持つ生き物です。人間は生まれた瞬間から死に向かって生きていて、その命がいつ費《つい》えるのか誰にもわかりません。

すでに多くの方がご存じの通り、私たち家族は交通事故に遭い、なんとか一命をと

りとめましたが、この事故の経験から、私は、

「誰にでも平等に『明日』が訪れるとはかぎらない」

「保証された『明日』は、どこにも、誰にも存在しない」

「人生に『いつか』はない」

ことを思い知らされました。

私たちにできることは、明日を待ち望むことではなく、

「今、この瞬間を大切に生きる」

ことだけです。

目の前にいる人を大切にする。

目の前にある仕事を大切にする。

そして、やりたいことを全部やる。

それが、最高で最良の時間の使い方であると、私は確信を持っています。

❖時間を、命を、自分を使い切るのが最高の人生

私の両親はすでに他界していますが、父も母も、亡くなる前に私に同じ言葉を残してくれました。

「いい時代だった。いい人生だった。やり残したことはない。大きな後悔もない。やるだけのことは全部やった」

「唯一、望むことがあるとしたら、あなたたちが元気でいてくれること」

私の両親は、限りある時間を使い切って、最高の人生を送ったと思います。

見送る私の心に去来《きょらい》したのは、悲しさ以上に、悔いのない人生を送った両親への賞賛と感謝でした。

読売新聞朝刊に掲載された宝島社の広告に（2018年10月29日付）、女優の故・樹《き》木《き》希《りん》林さん（享年75歳／広告は没後に掲載）が次のようなメッセージを残しています。

「靴下でもシャツでも、最後は掃除道具として、最後まで使い切る。人間も、十分生きて自分を使い切ったと思えることが、人間冥利に尽きるんじゃないかしら」（一部抜粋）

日野原重明先生のように、樹木希林さんのように、そして私の両親のように、時間を使い切る。それは命を使い切ることであり、自分を使い切ることです。

人生には終わりがあるから、毎日を真剣に生きるようになります。
いつ終わりが来てもいいように、毎日を真剣に生きていく。
たとえ今日、人生が終わるとしても、最期まで精いっぱい生きる。
その覚悟を持つ人だけが、充実した人生を手にすることができるのです。

ぜひこの瞬間から、すべての時間を「価値あるもの」にしていただきたいと思います。

2020年1月

井上裕之

【著者プロフィール】

井上　裕之（いのうえ　ひろゆき）

1963 年、北海道生まれ。歯学博士、経営学博士、医療法人社団いのうえ歯科医院理事長。

東京歯科大学大学院修了後、東京医科歯科大学、東京歯科大学非常勤講師、インディアナ大学客員講師など国内外6大学の役職を持つ。

ニューヨーク大学、ペンシルベニア大学、イエテボリ大学などで研鑽を積み、故郷の帯広で開業。2018 年には報道番組「未来世紀ジパング」（テレビ東京）にて、最新医療・スピード治療に全国から患者殺到ということで取り上げられる。本業の傍ら、世界中の自己啓発や、経営プログラム、能力開発を徹底的に学び、「価値ある生き方」を伝える講演家として全国を飛び回る。著書は累計発行部数 130 万部を突破。

デビュー作『自分で奇跡を起こす方法』（フォレスト出版）のほか、『なぜかすべてうまくいく 1% の人だけが実行している 45 の習慣』（PHP）、『がんばり屋さんのための、心の整理術』（サンクチュアリ出版）、『なぜ、あの人の仕事はいつも早く終わるのか?』（きずな出版）、『「歯」を整えるだけで人生は変わる』（日本実業出版社）などヒット作多数。

編集協力／藤吉豊

ムダとり時間術

2020年2月15日　第１刷発行

著　者　井上　裕之
発行者　唐津　隆
発行所　株式会社ビジネス社
〒162－0805　東京都新宿区矢来町114番地
神楽坂高橋ビル5Ｆ
電話　03－5227－1602　FAX 03－5227－1603
URL　http://www.business-sha.co.jp/

〈カバーデザイン〉長坂勇司
〈本文デザイン〉 谷元将泰
〈協力〉 合同会社DreamMaker
〈本文DTP〉茂呂田剛（エムアンドケイ）
〈印刷・製本〉モリモト印刷株式会社
〈編集担当〉山浦秀紀〈営業担当〉山口健志

ISBN978-4-8284-2163-6